Das Buch

Das Gesicht einer Frau in den Vierzigern ist kein unbeschriebenes Blatt mehr. Vieles ist schon eingezeichnet an Aufbruch und Scheitern, an Liebe und Leid. Und es ist noch Platz für andere Falten und Linien, noch Raum, diesem Gesicht einen weiteren Ausdruck hinzuzufügen. Aber welchen? Wo stehen die Frauen »in der Lebensmitte«, die schon einiges hinter sich haben, wo wollten sie mal hin, als sie zwanzig, dreißig waren und sich auf den Weg zur Selbstverwirklichung machten? Und wo sehen sie sich in weiteren zehn, zwanzig Jahren? Dörthe Binkert nahm ihren eigenen vierzigsten Geburtstag zum Anlaß, andere Frauen im gleichen Alter nach ihren jeweiligen Lebensentwürfen zu befragen: »Was ist Selbstverwirklichung? Und hat Selbstverwirklichung etwas mit Glück zu tun? Ich registrierte Trennungen, Umschulungen, Weiterbildungen, Nervenzusammenbrüche, neue Babys. Ich wollte es genauer wissen«, schreibt die Autorin im Vorwort. Sie schildert in ihren Gesprächsprotokollen mit zehn unterschiedlichen Frauen einfühlsam und mit leichter Hand, was ihnen gemeinsam ist: das Wissen, daß es ab vierzig nicht mehr nur Ziele und Träume gibt, sondern Tatsachen, die den weiteren Lebensweg bestimmen. Und irgendwann fängt das große Nachdenken an, wie es wohl weitergeht …

Die Autorin

Dörthe Binkert, geboren 1949, aufgewachsen in Frankfurt am Main. Studium der Germanistik, Politologie und Kunstgeschichte mit anschließender Promotion. Seit 1975 lebt sie als freie Autorin und Verlagslektorin in Zürich. Buchveröffentlichungen: ›Frauen, die mit Frauen leben‹ (1993) und ›Die Melancholie ist eine Frau‹ (1995).

Du haftest in der Welt, beschwert mit Ketten,
doch treibt, was wahr ist, Sprünge in die Wand.
Du wachst und siehst im Dunkeln nach dem Rechten,
dem unbekannten Ausgang zugewandt.

Ingeborg Bachmann

Dörthe Binkert
Ein Gesicht, das zu mir paßt

Frauen in der Lebensmitte ziehen Bilanz

Deutscher Taschenbuch Verlag

Von Dörthe Binkert ist im
Deutschen Taschenbuch Verlag
erschienen:
Frauen, die mit Frauen leben (30455)

Ungekürzte Ausgabe
August 1996
Deutscher Taschenbuch Verlag GmbH & Co. KG, München
© 1990 Kreuz Verlag, Stuttgart
ISBN 3-7831-1020-3
Umschlaggestaltung: Costanza Puglisi
Satz: Werbeatelier Kranzbühler, Albstadt
Druck und Bindung: C. H. Beck'sche Buchdruckerei,
Nördlingen
Printed in Germany · ISBN 3-423-30551-7

Inhalt

Vorwort

Ein Jahr lang haben mich die Gedanken und die Arbeit an diesem Buch begleitet; man könnte aber auch andersherum sagen: Ein Jahr lang habe ich versucht, auf meine Weise das Leben und die Gedanken der zehn Frauen zu begleiten, die hier zu Wort kommen. Wenn ich sie auch auf meine ganz persönliche Weise darstelle, so habe ich doch versucht, ihnen nach bestem Wissen und Gewissen gerecht zu werden. Daß sie mir gestattet haben, Anteil zu nehmen und sie zu beschreiben, dafür möchte ich ihnen an dieser Stelle danken.

Ich habe von ihnen viel gelernt, auch über mich und mein eigenes Leben.

Alle Frauen haben den Text, den ich – unter veränderten Namen – über sie geschrieben habe, vor der Drucklegung gelesen, und die Gespräche, die sich daran anschlossen, waren für mich der intensivste, emotionalste Teil der Arbeit an diesem Buch.

Daß ich dieses Buch angefangen – und zu Ende geschrieben habe, verdanke ich meinem Freund Ben. Wie wichtig seine Anregungen, seine Kritik und sein Nachdruck für mich waren, ist mir erst nach Abschluß der Arbeit klar geworden.

Mit einer gewissen Wehmut gebe ich das Buch jetzt aus der Hand, diesen Versuch, Augenblicke festzuhalten: Schon haben sich die Leben dieser Frauen verändert – was vor einem, einem halben Jahr gesprochen wurde, heute würde es vielleicht schon wieder anders klingen; neue, andere Töne sind hinzugekommen, einige schwächer geworden; das Gespräch steht an anderem Ort.

Das läßt Vergänglichkeit spüren und ist auch wunderbar: Das Leben geht weiter.

Zürich, September 1989

Einleitung

Bis vor einiger Zeit schien alles soweit in Ordnung. Mit einer manchmal entschiedenen, manchmal zittrigen, immer aber mit einer vernehmbaren Stimme waren wir dabei, wir, die Frauen vor vierzig. Dann, in meiner Umgebung, änderte sich – plötzlich? – etwas.

Oder änderte sich nur in mir etwas?

Ich sah in den Spiegel und fand, daß ich schon unglücklicher mit mir gewesen war. Aber ratlos war ich auch. Das war nicht die Ratlosigkeit der Jugend, des noch nicht gelebten Lebens. Das Gesicht, das mir entgegensah, hatte Kanten und Linien, die davon sprachen, was schon war. In diesem Gesicht war aber auch noch Platz für andere Falten. Welchen Ausdruck wollte ich meinem Gesicht noch geben?

Ich befragte noch einmal meine alten Träume und Ziele.

Ich begann nachzudenken, ob ich eigentlich einverstanden war mit meinem Leben, mit mir und den Verhältnissen, die ich mir im Laufe eines halben Lebens so zurechtgebastelt hatte. War ich die geworden, die ich einmal werden wollte, damals, als ich vor zwanzig Jahren oder mehr begonnen hatte, die Weichen für mein Leben zu stellen? Und welches Bild sah ich vor mir, wenn ich an mich als eine fünfzig-, eine sechzigjährige Frau dachte? Ich wußte es nicht.

Da ragten Inselchen aus dem Wasser, Erinnerungen an einzelne Ziele, Vorstellungen und Träume. Aber festes Land war das nicht.

Ich weiß nicht, ob es einen Zusammenhang mit meiner eigenen Situation gab, aber plötzlich schien es mir, als ob ich, als Frau von vierzig Jahren, mit meiner Ratlosigkeit unter meinen Geschlechtsgenossinnen nicht allein dastünde. Auch bei anderen Frauen meines Alters gab es Krisen, Nachdenklichkeit, Innehalten.

Die Stimme, mit der wir gesagt hatten: »Da sind wir«, schien auf einmal abzubrechen ... Wo sind wir?

Als eine Freundin, die ich als selbstbewußte und selbständige Frau kannte, zum dritten Mal weinend an meinem Küchentisch saß, wurde ich aufmerksam.

»Es ist schon alles richtig«, schluchzte sie, und die Tränen fielen richtig aus ihrem Gesicht, »aber warum hat man es so verdammt schwer, wenn man sich selbst verwirklichen möchte? Ich krepier' fast dabei ...«

Ich wurde nicht nur aufmerksam, ich wurde auch neugierig. Selbstverwirklichung. Ganz geläufig geht das Wort von der Zunge, ein Stichwort, das zum Schlagwort verkommen ist, ein Wort, glatt und scheinbar selbstverständlich wie ein leichter, farbiger Ball, der auf einer Wiese hin und her geworfen wird. Genau betrachtet schien der Boden, auf dem diese Frau und ich selber standen, aber eher sandig und steinig.

Was ist Selbstverwirklichung? Und hat Selbstverwirklichung etwas mit Glück zu tun?

Und haben wir vielleicht das Gefühl, einen Anspruch auf Glück und Selbstverwirklichung zu haben?

»Früher hat man geheiratet und war dann unglücklich«, sagt eine andere Mutter, während wir ein kurzes Stück Weg gemeinsam zur Straßenbahn gehen, nachdem wir unsere Kinder im Kindergarten abgeliefert haben. »Heute muß man glücklich sein. Früher war das irgendwie keine Frage. Wenn man litt, weinte man sich mal bei der Nachbarin aus. So war halt das Leben. Heute muß man sich selbst verwirklichen und attraktiv und glücklich dabei aussehen. Ob das besser ist ...«

Selbstverwirklichung hat nichts mit Glück zu tun. Diesen Satz habe ich nach dem kurzen Gespräch aufgeschrieben. Vielleicht liegt da unser Kummer begraben, entstehen aus dieser Unvereinbarkeit die Krisen in der Lebensmitte.

Frauen wie die in letzter Zeit so berühmt gewordene Camille Claudel fallen mir ein, die sich als Bildhauerin durchaus »verwirklicht« hat (die Selbstverwirklichung hängt ja nicht automatisch mit Anerkennung durch andere zusammen), die in allen anderen Bereichen ihres Lebens aber unendlich unglücklich war.

Sie ist nicht das einzige Beispiel für die Disharmonie von Selbstverwirklichung und Glück; die Dichterin Unica Zürn ist wie Camille Claudel vom Wahn verfolgt worden, Virginia Woolf, die mit ihrem berühmten Essay »Ein Zimmer für sich allein« das Recht der Frau auf Selbstverwirklichung verfochten hat, setzte ihrem Leben selbst ein Ende. Es gibt zahlreiche berühmte und zahllose andere Beispiele. Ich glaube nicht, daß es nur die gesellschaftlichen Verhältnisse sind, die diese Mißstimmigkeit erzeugen, oder daß Männer davon ausgenommen sind, doch scheinen Frauen für den Versuch, ihre eigenen Vorstellungen und Begabungen zu leben, besonders schmerzhaft bezahlen zu müssen.

Seit jenen gerade erwähnten Gesprächen mit anderen Frauen hielt ich die Ohren offen für die Mitteilungen, die ich von Frauen oft nur nebenbei zum Thema Selbstverwirklichung erhielt.

Ich registrierte Kündigungen, Trennungen, Umschulungen, Weiterbildungen, Nervenzusammenbrüche, neue Babies. Ich wollte es genauer wissen.

Selbstverwirklichung hat mit dem Selbst, aber auch mit Wirklichkeit zu tun, mit Wirklich-Sein und Wirklich-Werden, mit dem, was wirklich ist und wer wir wirklich sind. Selbstverwirklichung als Vollzug der Biographie, das interessierte mich, und ich unternahm den Versuch einer Bestandsaufnahme: Realität versus Ideal.

Am Ideal der Selbstverwirklichung geht keine Frauenzeit-schrift mehr vorbei – heißt das, daß Selbstverwirklichung ein frauenspezifisches Thema ist?

Ein Mann ist ein Mann ist ein Mann könnte man das Gedicht von der Rose abwandeln, und so wäre in unserer Gesellschaft ein Mann wirklich und zunächst einmal in seinen eigenen Augen ein Mann, eben er selbst. Ich glaube nicht, daß die Männer ihrer Selbstverwirklichung näher sind als die Frauen – schon die vielzitierte Midlife-crisis spricht dagegen –, doch glaube ich, daß Männer die Frage nach dem Bei-sich-selber-Sein aus diesem Grunde immer noch seltener stellen als Frauen, die, aufgrund einer langen Tradition, ihre Weiblichkeit immer wieder in Frage gestellt sehen und fürchten, sie zu verlieren (vielleicht bin ich keine »richtige« Frau ...). Sie müssen sich ihrer Wirklichkeit immer wieder vergewissern auf der Suche nach der eigenen Identität.

Selbstverwirklichung gibt es nur, wenn es Selbstbestimmung gibt. Deshalb ist der Begriff Selbstverwirklichung auch so deutlich an die Frauenbewegung geknüpft, an das Bestreben nach gleichen Chancen im Beruf, im persönlichen und gesellschaftlichen Leben. Frauen lernen heute Berufe, sie lernen damit auch, eigenes Geld zu verdienen und für sich selber zu sorgen. Und wenn sie für sich selber aufkommen, wie sollten sie dann nicht über sich selbst auch bestimmen wollen? Indem sie in zunehmendem Maße selber entscheiden, entscheiden sie aber auch darüber, wer sie wirklich sind und sein möchten. In diesem Sinn ist die Selbstverwirklichung tatsächlich eine neue Aufgabe, ein neues Thema für Frauen.

Eigentlich möchte ich aber den Begriff Selbstverwirklichung nicht nur in diesem Sinne und als ein Thema der Frauenbewegung sehen. Wenn Selbstverwirklichung auch heißt: bei sich selber, bei den eigenen ganz individuellen Möglichkeiten und Veranlagungen zu sein – zu denen das Kind noch einen ganz unbewußten direkten Zugang hat –, wird die Selbstverwirklichung wieder zu einem alten Menschheitsthema (für Mann und Frau), das auf eine noch andere Weise als über die Selbstbestimmung mit den »Frösten der Freiheit«[1] verbunden ist: Selbst*erkenntnis* ist neben dem Selbstbestimmungsrecht das erste Glied einer Kette von Bedingungen, die Voraussetzung zur Selbstverwirklichung sind. Aus Selbsterkenntnis kann Selbstverständnis erwachsen, aus dem eigenen Selbstverständnis ein Selbstbekenntnis, das – in die Tat umgesetzt – Selbstverwirklichung bedeuten kann.

Denn verwirklichen heißt ja eine Idee, einen Gedanken in die Wirklichkeit zu überführen, ihn in eine Tat umzusetzen, etwas noch nicht materiell Wirkliches »dingfest« zu machen.

Frauen um vierzig, das liegt in der Natur der Sache, haben schon manches in ihrem Leben »realisiert«. Mit vierzig gibt es nicht mehr nur Ziele, Wünsche, Träume, da gibt es Tatsachen, die den weiteren Lebensweg bestimmen. Und irgendwann setzt das große Nachdenken ein.

Die Kinderfrage, allmählich muß sie entschieden werden; die Möglichkeit abzuwarten und noch einmal darüber nachzudenken, wird bald nicht mehr bestehen. Was ist aus der romantischen Liebe geworden, mit der die Ehe, eine Beziehung begonnen wurde?

Beruflich einmal getroffene Entscheidungen lassen sich nicht mehr ohne weiteres umkrempeln, sollen sie revidiert werden, so muß das sorgfältig geplant und bedacht werden.

Auch wenn Frauen zwischen dreißig und vierzig oft ein besseres Körpergefühl haben als jüngere Frauen: Sie beobachten erste körperliche Abschlaffungserscheinungen, Müdigkeiten, Empfindlichkeiten.

Auch die Frauen, die mit den ersten Anzeichen des Älterwerdens gut zurechtkommen und sich dadurch nicht bedroht fühlen, werden durch diese Wahrnehmungen daran erinnert, daß neben jedem Leben eine Sanduhr abläuft.

1) Gisela von Wysocki, Die Fröste der Freiheit. Aufbruchsphantasien. Frankfurt/Main 1980.

Mit zwanzig, dreißig stellt sich die Frage nach der Selbst-verwirklichung, nach der Verwirklichung der eigenen Vor-stellungen und Ziele noch nicht so drängend – man steckt ja mittendrin, sie zu entwickeln und zu verfolgen. Skepsis, Zweifel, neue Deutungen entstehen meist erst, wenn ein Alter erreicht ist, in dem zwar noch viel, aber nicht mehr alles möglich ist. Eine Freundin sagte mir, sie müsse immer an einen Bahnhof denken, mit vielen Gleisen, die ineinander und auseinander streben, bis die Weichen sich stellen und wieder stellen und der Zug nicht mehr rangiert, sondern »eingleisig« davonfährt.

Eine andere Frau schilderte mir gerade die gegenteilige Erfahrung: »Ist es nicht wunderbar«, sagte sie, »daß mit dem Älterwerden die Sicht immer weiter wird, man immer mehr Wege sieht, Möglichkeiten kennt?«

Das Bild der Waage kam mir in den Sinn: In der Lebens-mitte wiegen Vergangenheit und Zukunft gleich viel. Es gibt diesen Moment der Balance, in dem zwei Waagschalen auf gleicher Höhe schweben – jenen Moment, der mir dem Inne-halten der Frauen zu entsprechen scheint, mit denen ich mich unterhalten habe, dem Rückwärtsschauen und dem Blick nach vorn. Ein Augenblick, in dem sich Zufriedenheit, Erleichterung, Trauer, Besorgnisse und Ängste in einer Art mischen, daß sich Nachdenklichkeit einstellt – und die Be-reitschaft, sich aufmerksam und offen selbst zu betrachten.

Aus diesen Überlegungen und Erfahrungen heraus habe ich mich entschieden, gerade Frauen um vierzig zum Thema Selbstverwirklichung zu befragen.

Ich hatte große Lust, auch Männer zum Thema Lebens-mitte und Selbstverwirklichung zu interviewen. Doch schien mir das innerhalb eines Buches eine Überfrachtung. Außer-dem war ich von meinen eigenen Fragen und Zweifeln ausge-gangen, und deshalb war es mir wichtig, mit anderen Frauen zu sprechen und die Ergebnisse anderer Frauen zugänglich zu machen.

Die Frauen, die hier zu Worte kommen, leben in sehr unterschiedlichen Verhältnissen – sie sind ledig, verheiratet, geschieden, leben mit oder ohne festen Freund; es sollten Frauen mit und ohne Kinder darunter sein, Hausfrauen und berufstätige Frauen aus verschiedenen Berufen von sich erzählen.

Natürlich entsteht trotz dieser Vielfalt auf den folgenden Seiten kein repräsentatives Bild.

Die Auswahl meiner Gesprächspartnerinnen ist subjektiv; die Gespräche (oft waren es viele Gespräche), aus denen die vorliegenden Texte hervorgingen, sind geprägt durch meine ganz persönliche Art zu fragen und das Gesprochene zusammenzufassen und wiederzugeben.

Und die Porträts sind schließlich nicht mit Hilfe eines Tonbandes, sondern aus Gedächtnisprotokollen entstanden. Sie wollen nicht mehr, als einen Augenblick auffangen.

Ich sage: einen Augenblick. Schon in der Zeit zwischen den Gesprächen und ihrer Niederschrift haben sich bei manchen Frauen innere aber auch äußere Veränderungen ergeben, die ich in meine Darstellung nicht mehr aufgenommen habe. Ich habe das ganz bewußt nicht getan, weil ich dem Begriff, der Theorie und der Idee der Selbstverwirklichung eine Augenblicks-, eine Blitzlichtaufnahme vielfältiger, individueller Wirklichkeit entgegenstellen wollte. Man könnte vielleicht sagen, die Protokolle in diesem Buch sind Lebensaugenblicke aus dem Leben von zehn Frauen, die neben einem vergleichbaren Lebensalter auf den ersten Blick nur eines gemeinsam haben: daß sie sich fragen, was sie aus sich machen wollten, wer sie geworden sind und welche Wünsche sie für ihre ganz persönliche Zukunft haben. – Der Reiz einer solchen Augenblicksaufnahme liegt in ihrer Lebendigkeit, in der Unverhülltheit einer spontanen Geste, in ihrem Hinweis auf Zeit und Vergänglichkeit: Schon eine Sekunde später sieht das Bild anders aus, haben die Person und ihr Leben einen anderen Ausdruck angenommen, ist nicht mehr, was war.

Nicht umsonst hatten wir bei den Gesprächen oft Lust, alte Fotos hervorzuholen.

Geschichte ist eine Ansammlung von Geschichten. Auch die Geschichte der Selbstverwirklichung der Frau. Einige solcher Geschichten lege ich hier nebeneinander. Und wenn man sie so nebeneinander betrachtet wie auf dem Tisch ausgebreitete Fotografien, entdeckt man vielleicht Gemeinsamkeiten, Übereinstimmungen – mit der eigenen Geschichte oder auch zwischen den verschiedenen hier vorgelegten; Übereinstimmungen, die etwas verdeutlichen von den Problemen, denen Frauen heute in einer Gesellschaft gegenüberstehen, die Orson Welles in dem schönen Film »Ein Tag für die Liebe« (1987) als die erste Gesellschaft ohne Sklaverei in der menschlichen Geschichte bezeichnete. Die Frauenbewegung hat die Sklaverei der Frau beendet, so Welles, aber keine Gesellschaft weiß bisher, wie man ohne Sklaven zurechtkommt. Wer sind die neuen Sklaven? Oder was geschieht zwischen zwei »freien« Geschlechtern?

Die »Fröste der Freiheit«, denen Frauen sich heute aussetzen, brennen auf der Haut, und die neugewonnene Einsamkeit läßt sie manchmal auch vor Kälte zittern. Freiheit, auch die Freiheit, sich selbst zu verwirklichen, ist eine Herausforderung. Manchmal auch eine Überforderung. Wieviel Mut und Zähigkeit es braucht, diese Herausforderung anzunehmen, zeigen die Protokolle. Ohne das Wissen, immer wieder auch scheitern zu können und von vorne anfangen zu müssen, wären die Frauen, die hier über sich sprechen, weniger eindrucksvoll und, so finde ich wenigstens, weniger stark.

Die äußeren Bedingungen für Frauen, sich selbst zu verwirklichen (womit ich nicht die gesellschaftsferne Nische des Töpferkurses und anderer Veranstaltungen meine, die Kreativität und Selbstverwirklichung versprechen, das *wirkliche* Leben aber nicht berühren[2]), waren noch nie so gut wie

---

2) Olga Rinne, Und wer küßt mich, fragt die Muse. Frauen finden ihre eigene Kreativität, Zürich 1989.

heute – wenn man davon ausgeht, daß Selbstverwirklichung an die ökonomischen Verhältnisse geknüpft ist. Wer einen Arbeitsplatz hat, kann eigenes Geld verdienen und sich »ein Zimmer für sich allein« leisten. Selbst dann werden Frauen allerdings die Frage nach Selbstverwirklichung nur stellen, wenn die existentiellen Bedürfnisse mit dem Geld, das sie verdienen, relativ mühelos abgedeckt werden können. Selbstverwirklichung bleibt in dieser Hinsicht ein Privileg ökonomisch (und damit meist auch bildungsmäßig) besser gestellter Frauen, Privileg einer bestimmten Schicht.

Wie sieht es aber mit den inneren Bedingungen aus, der inneren Freiheit, das ganz Eigene zu entwickeln?

Dieses Eigene hat nicht in erster Linie mit der wirtschaftlichen Situation zu tun, sondern entwickelt sich durch die Fähigkeit, kulturelle und gesellschaftliche Normen in bezug auf die eigene Person und ihre Bedürfnisse zu prüfen und gegebenenfalls auch zu überschreiten. Hier hat die Frauenbewegung hohe Ziele gesteckt, und feministische Leserinnen sind vielleicht enttäuscht, wenn sie in diesen Protokollen noch immer nicht »die neue Frau« entdecken, die gradlinig und konsequent ihren Weg geht, ihre Entwicklung verfolgt.

Noch immer gibt es die Märchenprinzphantasie vom Richtigen, der eines Tages kommen wird, gibt es die Liebe auf den ersten Blick, für die man zuvor gefaßte Prinzipien oder Überzeugungen aufgibt, gibt es die Sehnsucht, vom Mann begehrt zu werden, das Bedürfnis nach einem Mann im Bett und die Bereitschaft, mit der eigenen Selbständigkeit und Konsequenz – wenigstens eine Zeitlang – dafür zu bezahlen. Sexualität, man könnte auch einfach sagen der Trieb, spielt im weiblichen so gut wie in jedem anderen Leben eine unübersehbare, durchaus das Verhalten bestimmende Rolle.

Eros als der geheime Verbündete des Patriarchats?[3] Man kann das mit einer bestimmten Trauer registrieren. Mir per-

3) Sigrid Steinbrecher, Funkstille in der Liebe. Warum Männer und Frauen aneinander vorbeilieben. Stuttgart 1990.

sönlich ist es nicht so gegangen. Alle die Gefühle, die in die geschilderten Lebenspläne der Frauen immer wieder einbrechen und nicht nur Inkonsequenz, sondern auch Chaos erzeugen, beruhigen mich eher, als daß sie mich beunruhigen. Sie scheinen mir für Leben, für die Lebendigkeit dieser Frauen zu bürgen. Aus Chaos entsteht Leben, schon in der Bibel ist das Chaos der Stoff für die prima materia; aus ihm wird Welt, Struktur, Ordnung.

Die Chaosforschung in den modernen Naturwissenschaften weist nach, daß unter veränderten Bedingungen gewisse Strukturen wieder zu »Chaos« zerfallen; aus diesem »Chaos« entsteht dann eine neue, neuen Verhältnissen besser angepaßte Ordnung.[4]

So scheinen mir auch die Verzweiflung, die Nervenzusammenbrüche, die Gefühle von Überforderung oder eigener Inkonsequenz, die Sehnsucht nach einem Zustand, zu dem das eigene Bewußtsein dann aber doch nicht zurückkehren kann, kein Anlaß zur Resignation, sondern Ausdruck eines Such- und Lernprozesses, der nur so und nicht anders stattfinden kann. Daß es ein schmerzhafter Prozeß ist, mit ungewissem Ausgang, ist nicht zu leugnen.

Welche kreativen Überlebens- und Lebensstrategien die einzelnen Frauen gegenüber den von außen und innen auftretenden Problemen entwickelt haben, hat mich besonders beeindruckt. Und doch bleiben auch die hier vorgeführten Strategien das, was sie per definitionem sind: der Versuch, einer letztlich unvorhersehbaren Situation auf vorbedachte und bestmögliche Art zu begegnen.

Wahrscheinlich gilt es, sich damit abzufinden, daß Selbstverwirklichung, solange wir leben, nur ein Versuch, Stückwerk, sein kann, daß wir uns mit den *Momenten* zufriedengeben müssen, in denen wir das Gefühl haben, uns selbst und unserer Selbstverwirklichung nahe zu sein.

4) Joanne Wieland-Burston, Chaotische Gefühle. Wenn die Seele Ordnung sucht, Zürich 1989.

Immerhin gibt es Möglichkeiten, dieses Gefühl zu bestärken und zu fördern. Das schönste Ergebnis meiner Arbeit an diesem Buch war für mich, zu sehen, daß schon das Gespräch über die eigenen Vorstellungen und das, was man wirklich tut, Anregung genug war zu weiteren Überlegungen, was eigentlich Selbstverwirklichung für die betreffende Frau sein könnte. Einige Frauen haben schon in der kurzen Zeit zwischen unserem Gespräch und der Drucklegung des Buches Entscheidungen getroffen, die wichtige Schritte sind auf dem langen Weg zur eigenen Persönlichkeit.

Es ist nicht nur einfach, miteinander zu sprechen, es macht auch Spaß, viele unausgesprochene Gedanken einmal laut werden zu lassen. Auf einmal werden sie sichtbar, und manchmal ist es erstaunlich – vor allem für die Frau, die sie ausspricht –, wie klar umrissen die eigenen Hoffnungen, Wünsche, Ziele sind. Realisieren lassen sich Wünsche aber nur, wenn sie bewußt sind oder gemacht werden. Zum Beispiel im Gespräch.

Es war überraschend für mich, zu entdecken, eine wie große Rolle Eltern und Elternhaus nicht nur in meinem, sondern auch im Leben der hier geschilderten Frauen gespielt haben oder noch spielen. Wie groß das Bedürfnis war, nicht nur die eigene Lebensgeschichte, sondern auch die der Eltern zu erzählen. Die war dann zuweilen spannender als jeder Roman, tragisch, traurig und verrückt.

Im Laufe des Gesprächs ist einigen Frauen bewußt geworden, wieviele Wiederholungen der Eltern-Geschichte – in neuem Gewand – sich in ihrem eigenen Leben ereignen. Daß ihre eigene Geschichte, auch wenn sie als Protest, als Gegenkonzept gegen das Leben der Eltern geplant war, den Familienmustern weiter folgt. »Aber ein bißchen anders ist es schon«, sagt eine Frau, »wirklich vorwärts geht es immer nur in kleinen Schritten.« Und diesen Eindruck hatte ich, als ich die Beiträge des Buches noch einmal las – den Eindruck von kleinen und doch großen Schritten. Selbstverwirklichung scheint ein Prozeß, der viel, viel Zeit braucht. Lange haben eigentlich bei allen Frauen, die ich gefragt habe, die familiären und die gesellschaftlichen Normen eine entscheidende Rolle gespielt. Kaum eine, die mit zwanzig nicht wollte, was schon ihre Mutter wollte: heiraten und Kinder kriegen, so leben, wie die Umwelt es vormachte. Eigentlich bis in die Dreißiger hinein scheint das Leben der meisten Frauen meiner Generation nach traditionellen Mustern verlaufen zu sein – trotz der Studentenbewegung der 68er Jahre, die doch einige Frauen bewußt miterlebt, manche mitgetragen haben, trotz der Möglichkeit, den persönlichen Wunschberuf zu ergreifen und trotz einer starken Frauenbewegung, mit der alle in irgendeiner Form in Berührung gekommen sind, auch wenn sie nicht aktive Feministinnen waren. Es sind innere Fesseln, internalisierte Rollenbilder, die der Selbstverwirklichung von Frauen stärker im Weg zu stehen scheinen als die äußeren Barrieren, die unsere Gesellschaft aufrecht zu erhalten sucht.

Immerhin hat der Feminismus, so scheint es mir, einen großen Erfolg zu verbuchen, hat die Entwicklung der letzten Jahrzehnte und haben die individuellen Erfahrungen der Frauen zu einer wichtigen Einsicht geführt, die nicht mehr rückgängig zu machen ist. Und tröstlicherweise ist es gerade Sophie, die in ihrem Hausfrauenalltag, in dem sie fast unterzugehen droht, die Erkenntnis ausspricht:

»Er sagt immer wieder, wie froh ich sein muß. Er bringt das Geld, und ich bin abhängig. Das Schlimme ist nur, daß er weiß, das stimmt eigentlich nicht. Deshalb sagt er es auch so oft. Und ich weiß das auch. Ich hab ja die Erfahrung gemacht – und das macht keiner rückgängig –, daß ich arbeiten und ein Kind allein aufziehen kann.«

Jetzt hat sie drei Kinder, und sie sagt: »... aber ich könnte es, das weiß ich.«

Eine Erfahrung, die nicht mehr rückgängig zu machen ist: daß wir auf eigenen Füßen stehen können. Und die wirtschaftlichen Prognosen für die neunziger Jahre sehen in dieser Hinsicht positiv aus: Die Statistik rechnet mit einem hohen Bedarf an weiblichen Arbeitskräften – ausgebildeten weiblichen Arbeitskräften.

Bei aller Verschiedenheit der Lebensläufe und Lebensperspektiven, Wünsche und Vorstellungen habe ich eine übereinstimmende Aussage gefunden: Wir möchten in einer Beziehung leben, aber nicht mehr um jeden Preis. Aus diesem Grund wohl sind auch die Ausblicke in die Zukunft, auf das Alter zwar sehr verschieden, aber nicht deprimierend. Der Wunsch nach einer der eigenen Persönlichkeit gemäßen Arbeit steht im Vordergrund, der Wunsch nach kreativem Ausdruck der eigenen Erfahrungen.

Nur ganz selten haben die Ängste mit dem Gefühl, älter zu werden, zu tun, mit dem Gedanken, vielleicht für Männer nicht mehr attraktiv zu sein. Im Gegenteil: Auf das Alter richten sich viele Hoffnungen und Erwartungen – daß der richtige Partner dann erst kommt, daß dann Zeit sein wird für eigene konzentrierte Arbeit und für erwünschtes Alleinsein.

Dem eigenen Körper stehen diese Frauen heute meist positiver gegenüber und näher als mit zwanzig, fünfundzwanzig Jahren. »Ach, wir beginnen zu welken«, sagt eine von ihnen, »aber noch nie fand ich mich so schön wie jetzt.«

Und in enger Verknüpfung mit dem eigenen Körpergefühl ist auch das Lebensgefühl besser als in früheren Jahren, trotz Enttäuschungen in Ehen und Freundschaften, trotz Überlastung, Müdigkeit und der Erkenntnis, daß dem Körper nicht mehr so viel zugemutet werden kann wie in früheren Jahren, daß Krankheiten bei der oft registrierten Erschöpfung leichteres Spiel haben. Dem entspricht ein bewußter Umgang mit den eigenen Kräften, aber auch der Umwelt. Die eigenen Kräfte werden nicht mehr überschätzt – zum Teil auch, weil Zusammenbrüche zu einer realistischeren Einschätzung zwingen. So herrscht bei aller Wertschätzung des Arbeitens keine »Karrierementalität« vor – Frauen wollen meist nicht ausschließlich im Beruf Erfolg haben; sie möchten Kinder haben, ihre Beziehungen pflegen *und* arbeiten. Statussymbole – Autos, Einrichtungen, große Reisen – spielen bei der Vorstellung von der Selbstverwirklichung keine besondere Rolle; die Frauen, die ich fragte, wollen anerkannt werden ohne Ansehen des Geschlechts, sie wollen etwas leisten und entsprechend honoriert werden. Extrem hoch schien mir bei allen die Bereitschaft, Verantwortung zu übernehmen für sich selbst, für ihre Kinder, für ihre Lebensentscheidungen, für das, was sie tun und denken. Und bei allem Gewicht, das auf ihren Rücken liegt, fehlte es in keinem Gespräch an Distanz zur eigenen Person. Mit viel Selbstironie und wenig Selbstmitleid wurde hier mit dem eigenen Leben Zwiesprache gehalten.

Und bei aller Offenheit – das hat mir besonders gut gefallen – haben doch alle diese Frauen noch ein Geheimnis bewahrt, in das ich auch nicht versucht habe, einzudringen, weil ich es selbst am wichtigsten und schönsten finde, die Erfahrung zu machen, daß immer etwas bleibt, was andere nicht von uns wissen und das auch uns selber unbekannt bleibt.

Zu diesem Dunkel gehört unter anderem die Angst. Einige Frauen haben ihre Ängste sehr deutlich benannt – hinter denen vielleicht noch andere, weniger bewußte Ängste verborgen sind; andere haben Umwege eingeschlagen, um ihre Angst zu umkreisen, und wollen vielleicht davon lieber nur etwas ahnen als wissen.

Zu diesem Dunkel gehören auch Gefühle, die im weitesten Sinn religiös sind. Der Wunsch, über das eigene Ich hinauszugehen, sich als Teil eines größeren Ganzen zu verstehen, in welcher Weise auch immer das Bestehende zu transzendieren, es an innerem Sinn reicher zu machen, ist mir immer wieder sehr deutlich geworden. Aus diesem Grund schien es mir reizvoll, eine Ordensfrau zu bitten, etwas über ihre Vorstellungen von Selbstverwirklichung zu sagen.

Das Kloster war ja in der europäischen Geschichte der erste und lange der einzige Ort, wo Frauen – in einer Gemeinschaft mit anderen Frauen – Selbstverwirklichung praktizieren durften. Vielleicht wird diese Möglichkeit Frauen heute wieder zunehmend bewußt.

Was ist Selbstverwirklichung? Nachdem alle Beiträge dieses Buches nebeneinander lagen, war mir klar, daß Selbstverwirklichung in jeder Biographie, in jedem Leben eine andere Bedeutung annimmt und eine andere Bedeutung hat.

Die ganz persönlichen Lebensziele, auch -aufgaben, werden oft erst in Krisen, durch Krankheit, Verlust, Trennung überhaupt bewußt; sie zu verwirklichen und zu erfüllen bleibt anstrengend und ist oft schmerzhaft. Selbstverwirklichung kann dann bedeuten, in Gemeinschaft oder aber in Trennung und Alleinsein zu leben, kann heißen, einem Talent zu folgen und Beziehungen zu vernachlässigen oder aber in einer Situation zu leben, die eine auf das eigene Ich bezogene Selbstverwirklichung ausschließt.

Die Frauen, die hier von sich erzählen, beschreiben oder besser umschreiben in ihrer Auseinandersetzung mit sich selbst gleichzeitig verschiedene Aspekte und Grundbedingungen von Selbstverwirklichung:

Sophie beschreibt, wie die Erfahrung, ihr eigenes Geld verdienen zu können, ihr die Gewißheit gibt, für sich und ihre Kinder allein sorgen zu können. Vor diesem Hintergrund ist ihr augenblickliches Leben ihre freie und eigene Entscheidung. Jede Freiheit, die sie aufgibt, um in einer Beziehung und als Hausfrau für ihre Familie da zu sein, kann sie selbst auch wieder für sich zurückfordern, wenn sie das Gefühl hat, sich selber Gewalt anzutun. Im Gespräch mit ihr ist mir die Bedeutung der Selbstbestimmung als Zwillingsbegriff der Selbstverwirklichung besonders bewußt geworden.

Selbstverwirklichung hat aber nicht nur mit dem eigenen Ich zu tun. Sie findet statt in Beziehung zu jemandem oder auf etwas: »Selbstverwirklichung kann ich nur im Hinblick auf eine Beziehung sehen«, sagt Greta.

Schwester Thomas geht einen Schritt weiter: Für sie liegt Selbstverwirklichung in der Hingabe an Gott und die Menschen.

Das Alter, meint Helen, wird ihr erlauben, sich vielen Dingen zuzuwenden, die ihr wichtig sind und in denen sie sich selber ausdrücken kann, im Alter liegt die Kraft der Konzentration und Sammlung, und das Alter wird aus diesem Grund in dieser Lebensgeschichte furchtlos, erwartungsvoll in den Lebensplan eingebunden.

Kreativität, nicht als Hobby, sondern als notwendiger Ausdruck der eigenen Befindlichkeit ist Grundlage der Selbstverwirklichung bei Mascha und Sibylle.

Florence schafft sich in ihren Träumen, mit Hilfe ihres Unbewußten, selbst die Möglichkeit, die Teile ihrer Persönlichkeit, die sie in ihren Beziehungen und im Beruf nicht leben kann, doch zu Wort kommen zu lassen und sich so als ganzen, unbeschnittenen Menschen zu erleben.

Anna hat entdeckt, ohne danach gesucht zu haben, daß das Selbst nur im Spielen, im Spielerischen sich ausdrücken und wachsen kann, in einer absichtslosen und doch zielgerichteten Konzentration, einer Hingabe an die eigenen Regungen und Bilder und an Eindrücke von außen, die, ohne durch Vorurteile vorselektiert zu sein, zunächst ins Eigene einfließen und dort Leben entfalten dürfen.

Die Suche nach sich selbst, nach Erfahrung und Selbsterkenntnis, bestimmt die Vorstellungen von Margot. »Ich will am eigenen Fell verbrannt werden«, sagt sie, »nur so entdecke ich, wer ich bin und was in mir steckt.«

Und bei Maria wird aus dem Begriff »Selbstverwirklichung« ein Traumbild, das mich sehr berührt hat und das ich an das Ende dieses Buches gestellt habe, weil es mir das umfassendste Bild von allen Entwürfen zu sein scheint: Das Glück der Selbstverwirklichung ist hier durch Angst,

Schmerz und Trauer erworben, und Tod und Leben sind sich in diesem Bild ganz nah. Für Maria ist dieses Traumbild Abbild ihrer Lebenswirklichkeit und eine Zukunftsvision zugleich. Selbstverwirklichung: ein Traum.

Mascha

Architektin, ledig

Warten auf den großen Auftrag
oder: »Ich wollte schon immer was Großes werden«

Sie hat kein Taxi bekommen. Es regnet, und ihre Schuhe sind keine Schuhe für dieses Wetter. Ein Auto hat sie nicht mehr; das hatte auch Vorteile damals, mit dem Auto, man mußte mit dem Trinken aufpassen und war schneller. Und in Eile, denke ich, ist sie immer, wenn sie mal losgeht. Einen Schirm hat sie nicht dabei, aber einen Fächer aus violetten Orchideenblüten. Sie kommt zu Besuch.

Die Orchideen kauft sie manchmal auch für sich selber. In dem Thai-Laden gleich um die Ecke, neben ihrem Atelier. Wenn man dort anruft, meldet sich meistens der Telefonanrufbeantworter. Nach längerer Pause ertönt ein langgezogenes »Hallo« (mit der Betonung auf einem fragenden »O«), zu dem sie sich im letzten Moment entschlossen zu haben scheint – »hier ist Mascha«.

Aber eigentlich ist sie selten da.

Jetzt, nachdem sie ein Penthouse mit zwei Wohnungen nicht nur entworfen, sondern auch in eigener Regie gebaut hat – jetzt, nachdem alles fertig ist, die Mieter eingezogen sind, könnte sie im Atelier wunderbar malen, sie hat ja jetzt Zeit. Aber was soll sie malen?

Mascha ist im Atelier und malt Mascha, wie sie den Finger drohend hebt und »nein, nein« macht. »Ich laß' es nicht kommen«, sagt sie, »ich drück's runter, und dann hab' ich kein Thema. Anstatt das zu malen, was sich da angemeldet hat.« Sie macht eine längere Pause. »Die guten Bilder kommen

erst. Das sind, glaube ich, meine Karikaturen. Ja, wirklich.«
Also sie sitzt da, im Atelier, und liest die Zeitung. Die Leere ist
schrecklich. Wo soll das denn nun alles mit ihr hin? »Ich muß
die Sachen jetzt doch endlich mal in die Hand nehmen, denke ich ...«, und sie spreizt die Finger auseinander, so daß alles
dazwischen durchfallen müßte.

Und dann das Gefühl, das Malen zu verlernen, es plötzlich
einfach nicht mehr zu können. In guten Zeiten, aber eigentlich immer, weiß sie, daß sie was kann. Da glaubt sie an sich.
»Schon als Kind«, sagt sie. »Ich wollte immer was Großes werden. Alle herumdirigieren, den Ton angeben, den anderen
Kindern befehlen.« Ihre Haare, dick und tiefschwarz, stöck-
chengrade in alle Richtungen abstehend und deshalb nie zu
einer Frisur vereint, stimmen zu. Das Stück Pferdeschwanz,
das sich noch erhalten hat, und der Pony passen gut zu Kind-
heitserinnerungen.

»Also, meine Urgroßmutter war eine Bäuerin, im höchst-
gelegenen Dorf im Kanton Thurgau, mit viel Land. Von dort
ist sie immer nach Frauenfeld zum Markt gefahren, als
Marktfrau. Zwölf Kinder hatte sie und war verwitwet, und
der eine Sohn zog dann ganz nach Frauenfeld. Der gab aber
das Ländliche auch in der Stadt nicht auf, sondern baute Ge-
müse an und hatte Truthühner.« Das war Maschas Großvater. »Er hat gesponnen«, sagt sie, »Arteriosklerose. Und
trinken tat er gern, aber nicht in der Kneipe seiner zweiten
Frau, der Wirtin Rosa.« Auf dem Fahrrad ist sie mitgefahren,
die Mascha, wenn er Biertrinken ging, hui, aber vorher klap-
perten sie noch die Brockenhäuser ab; er sammelte alles,
auch alte Kloschüsseln, – und das stapelte sich zu Hause, und
ganz Frauenfeld wußte Bescheid.

Seine Töchter, das waren zwei. Die eine benutzte Parfum
und hatte eine erotische Ausstrahlung – Liebhaber hatte sie
(und Frauenfeld ist eine Kleinstadt), und schließlich nahm sie
den Schlechtesten, so fand die Familie, zum Mann. Das war
Maschas Tante. Der Onkel verschwand dann wochenweise

nach Zürich und versumpfte in den Beizen, bis irgendeine Kellnerin anrief, seine Frau solle ihn abholen. Was sie dann immer tat. Denn was hätten die Leute denken sollen? »Und Ehe«, sagt Mascha, »das galt auch. Die andere Tochter, nein, mit Schminke und Mode konnte man der nicht kommen, und Erotik, das wäre zu subtil gewesen. Sie hat lieber gehandelt und war schließlich da für die anderen, achtete auf Gerechtigkeit und darauf, daß alles lief.« Das war Maschas Mutter.

Der Mann, den sie heiratete, auch nicht zur Zufriedenheit ihres Vaters, wurde ihr sozusagen in Obhut gegeben; sie zeigt heute noch die Badehose, die sie ihm damals gestrickt hat, fast wie für ein Kind, so dünn und ausgemergelt ist er gewesen, als er zum Großvater ins Haus kam. Einer von viertausend Polen; eine ganze Division (und noch mehr) hatte die polnische Exilregierung im Zweiten Weltkrieg mit den aus der Heimat geflohenen Kampfwilligen zusammengestellt. Aber die Munition hatte nicht zu den Waffen gepaßt, und Maschas Vater wäre, wie seine Kameraden, in Italien niedergemacht worden, wenn der Kommandant seine Männer nicht in die Schweiz gebracht hätte, wo sie Alpenstraßen bauten und dafür etwas zu essen bekamen. Aber die Alpen mochte Maschas Vater dann nie, in die Ferien fuhr man da nicht hin, nicht ein einziges Mal.

Nach dem Krieg wollte man die Polen wieder raushaben, und Maschas Mutter, jetzt verheiratet, kam mit in den Fremdenhaßtopf. Und obwohl sie aus der Provinz kam und selber viele Vorurteile hatte, wollte sie nun auch weg aus dieser Schweiz. Die Fahrkarte nach Südafrika hatten sie in der Tasche, da zeigte sich, daß Mascha unterwegs war. Schwanger aber wollte die Frau nicht auswandern, und so blieben sie, gradzu beim Großvater, im Nebenhaus. Im unteren Stockwerk wohnte die Schwester, Maschas schon erwähnte Tante, mit ihrem Mann. »Alle sozusagen unter einem Dach und gegen den Rest der Welt.«

Die jungen Eltern hätten lieber nicht die Mascha, sondern einen Sohn gehabt. Der hätte dann hinaus sollen, hoch hinaus und in die Welt. Und das wollte sie denn auch immer, ein Junge sein und die Abenteuer dieser Welt entdecken. Die Eltern taten so, als sei sie ein Junge; die nachgeborene Schwester, ja, die war dann wohl etwas eher ein Mädchen.

Der Vater verlangte von Mascha, was er von einem Sohn verlangt hätte. Die Mutter fand ihr eigenes Leben nicht gerade nachahmenswert. Männer, meinte sie, seien doch alle Nichtskönner. Was also sollte das Heiraten den Frauen einbringen? lhr Mann hatte allerdings inzwischen studiert. Für seine Interessen und seine Arbeit war sie taub, aber mit »Nichtskönner« meinte sie wohl eher seine Weichheit und Zärtlichkeit, sein Bedürfnis, ihr zu sagen, daß er sie liebte, auch seinen Hang zum Trinken und Rauchen. Sie fand, seine Bücherwelt sei eine merkwürdige Welt, las lieber die Todesanzeigen in der Zeitung und drückte ihre Liebe in Eifersucht aus. Darum fand auch das gesellige Leben, das er sich gewünscht hätte, nicht statt, und sie hätte sich ihn etwas schweizerischer gewünscht: daß er am Sonntag im Garten gearbeitet hätte wie der Großvater oder ihr Bruder. Er ging aber sonntags nicht in den Garten, und sie machte ihn in Gesellschaft gerne lächerlich. Mag sein, sie meinte das nicht schlimm, sondern eher als eine Neckerei, nicht viel anders, als wenn sie, gemeinsam mit ihren kleinen Töchtern, dem Großvater von oben aus dem Fenster faule Äpfel in die Wassertonne warf. Und wie sie ihrem Mann Bürsten im Bett versteckte.

Als Mascha ins Gymnasium kam, begann sie die Bücher zu lesen, die der Vater las, Ilias und Odyssee, und von denen die Mutter nichts wissen wollte. Alles, was sie als Junge hätte tun wollen, las sie jetzt nach. Der Vater und Mascha, die hatten sich was zu sagen. Aber die Eifersucht der Mutter, der Schwester! Mascha beginnt zu essen und zu essen. Immer nachts am Kühlschrank. Mit dreizehn Jahren wiegt sie 68 kg. »Immer hatte ich Lust zu essen, immer Hunger.« Und wenn sie sich ganz allein fühlte, kletterte sie nachts auf einen Baum, redete mit sich und glaubte an sich. »Ich wußte immer, daß ich was kann. Ich wollte anders sein. Anders werden als meine Eltern. Überhaupt anders sein als die anderen. Groß, mächtig sein, dominieren.«

Daheim herrscht aber die Mutter. Mascha beginnt die Schule zu schwänzen. Die Schule mißfällt ihr. Sie kritisiert alles und jeden. Was sie will? Sie weiß es nicht. Sie will es nicht *so*. Sie ist entweder aufsässig oder leistet passiven Widerstand. Und sie frißt.

Was Männer wohl sind, malt sie sich heimlich aus. Aber da sie sich für häßlich hält, hat das alles Zeit. Männer wird sie haben, wenn sie schlanker ist. Sie ist so dick, daß sie gar nicht mehr hinguckt. »Du kannst den Tatsachen dann nicht mehr ins Auge sehen. Wenn du das tust, kannst du nur noch essen.« Gegen alle und alles und gegen sich selbst beginnt sie, Haschisch zu rauchen, zwängt ihr Fett in Miniröcke und malt Schminke drüber, ganz dick. Sie wird von der Schule wegen ihres Aussehens verwarnt. »Also meine Mutter«, Mascha sagt es mit Bewunderung, »hat mich immer verteidigt. Obwohl ihr das Kotzen gekommen sein muß. Ich war schon immer ein Stänkerer. An allen Institutionen reib' ich mich wund.« Sie haßt die Schule, die Schule haßt sie. Ihre Freunde sind keine wirklichen Freunde. Die sind gar nicht richtig da. Immer auf dem Trip. Mit der Zeit entdeckt sie, daß sie Männern doch mal gefallen könnte. Oder die Männer ihr. Sie nimmt Abführmittel. Immer morgens um elf muß sie raus aus der Klasse, aufs Klo. Sie nimmt vierzig Abführtabletten am Tag. Sie denkt: »Jetzt kracht es.« Sie wartet auf den Zusammenbruch. Mascha weiß nicht mehr ein noch aus. Ziele für ihr Leben? Idealvorstellungen? Träume? Ich stelle die Frage gar nicht erst. Der Zusammenbruch kommt, als sie nur noch Angst hat. Der Hasch-Trip wird zum Horrortrip. Sie raucht heimlich und immer allein. Nur so ein Zug reihum? Da muß schon mehr laufen. Plötzlich die Angst. Die Gedanken werden während des Trips in rasender Geschwindigkeit zu Bildern, und die Bilder stürzen buchstäblich auf sie ein. Mauern, Bäume, Häuser rasen auf sie zu und stürzen auf sie nieder.

»Mit zwanzig? Ich wußte nicht, was ich wollte. Werden wollte. Sein wollte. Mit neunzehn kam ich in die Analyse. Dann, irgendwann, sagte die Analytikerin: ›Mach' doch mal, was du willst.‹« Daraufhin geht sie überhaupt nicht mehr zur Schule. Sie fliegt raus und ist ungeheuer erleichtert. Und plötzlich, als ob ein Knoten geplatzt wäre, weiß sie, was sie will, hat sie Vorstellungen. Sie beschließt, gründlich abzunehmen. Sie nimmt ein Zimmer in Zürich und macht innerhalb eines Jahres, von den Eltern finanziell unterstützt, das Abitur nach. Sie lernt Griechisch und liest nun die Odyssee im Original. Sie genießt die fremde, große Stadt. Sie geht spazieren. Sie sieht Liebespaare, die sich auf offener Straße küssen. Sie besucht ein Malatelier, wo sie malen darf, was sie will. Sie muß nichts dazu sagen. Nach einem Jahr ist sie in der Lage, eine Fläche weißen Papiers ganz zu füllen, *auszufüllen*, so, daß sie mit jeder Stelle und dem ganzen Bild zufrieden ist. Die Frau im Malatelier sagt, nun könne Mascha bei ihr nichts mehr lernen. Dieser Zeitpunkt fällt mit dem Abitur zusammen. Und mit einem normalen Gewicht. Seit einiger Zeit schon hat sie einen Freund. Sie, das dicke Mauerblümchen, kriegt einen Frauenhelden. Abgesehen davon, daß sie das ungeheuer befriedigt (und sie ständig weiter abnimmt), mag sie ihn wirklich. Aber mehr als Händchenhalten und Schmusen? Das verschiebt sie lieber auf die Zeit, wo sie sich schöner finden wird. Endlich, sie ist inzwischen immerhin zwanzig, spielt der Textildesigner-Freund nicht mehr mit. Entweder, oder, sagt er. Da muß sie erst drüber nachdenken. »Also gut«, sagt sie sich. »Dann muß es halt eben jetzt sein, auch wenn ich noch nicht schön bin.«

Heute sieht sie für mich aus wie eine russische Ballerina.

Ihre Augen sind mehrfarbig gesprenkelt wie die Eier von kleinen Wildvögeln, die man fast nicht mehr findet. Sie wird immer auf diese Augen angesprochen, und manche weissagen ihr etwas über diese Besonderheit. Ihre Wangen mit den hohen Backenknochen röten sich manchmal hektisch, und ob der Mund zu ihrer angerauhten Stimme paßt? Für mich muß der rot geschminkt sein. Für mich ist sie eine Schönheit. Wenn man sieht, wie sie mit den mageren Fingern durch den Pony fährt, denkt man an das Training an der Stange. Lieblich sind Ballerinen ja eigentlich auch nicht. Die Bewegungen allerdings sind bei Mascha eher wie aus Schlemmers Triadischem Ballett. Bewegungen wie unter Hochspannung. Ekstatische, krampfartige Bewegungen. »Wenn meine Bewegungen schon so zackig sind, sollte ich vielleicht wenigstens einen Tanz daraus machen?« sagt sie. Ihre Handflächen sind innen gerötet, als ob sie dauernd etwas zu Heißes angefaßt hätte, als ob sie sich dauernd die Finger verbrennen würde.

Sie findet sich pathetisch. Und das stimmt auch. Trotzdem würde ich eher sagen: dramatisch.

Zäh? Dabei, sagt sie, fällt sie durch die Welt. »Halt ist keiner da, wenn nicht ein Mann die Halte-Rolle übernimmt.« Und in ihr? Ach du lieber Gott! Sie übt, an der Stange.

Nach dem Abitur hat sie an der Eidgenössischen Technischen Hochschule in Zürich zu studieren begonnen. Wieder eine Institution. Und Mascha immer gegen Wind und Wetter. Mal mit dem Wind segeln? Ein fremdes Bild.

Die Architektur wird *die* Sache, das Wesentliche in ihrem Leben. Sie redet am liebsten über Plätze, Linien, Raumgesetze. Punkt zu Linie zu Fläche. Wenn man nicht bremst, wird sie da mehr als leidenschaftlich. Ich kriege dann Angst, daß sie verbrennt. Oder verpufft? Vom Boden abheben? »Ja! Das ginge ja noch, wenn der Körper heilbliebe.« Beim Rauchen werden ihre Wangen hohl, so zieht sie an der Zigarette, und mit dem Weintrinken muß sie aufpassen, Auto hin oder her.

An der Hochschule lernt sie einen anderen Mann kennen, einen Mitstudenten. Er küßt sie. »Das war so schön, da bin ich zu Martin (meinem ersten Freund) gegangen und hab's ihm gesagt. Es war schrecklich. Er hatte sich die Zukunft fertig ausgemalt und wollte sich mit mir sozusagen zur Ruhe setzen für immer und auf Dauer. Aber ich wollte das nicht, sowieso nicht, heiraten wollte ich nie.« Sie guckt jetzt noch, beim Erzählen, ganz betreten, wie ein Kind, das doch nichts Böses sagen wollte und trotzdem genau weiß, was es will.

Nach zwei Monaten macht sie mit dem neuen Freund Schluß, »bevor er merkte, wie ich wirklich bin.« Sie habe ihm wohl mit ihrer Verliebtheit nur was vorgemacht. Dabei bleibt es. Für sie. »Ich bin dann so rücksichtslos.« Immer, wenn sie so etwas sagt, guckt sie einen an, als müßte nun eine längere Nachdenkpause folgen, die aber dann, mit einem haltsuchenden Griff in den Pony, vorzeitig abgebrochen wird: Mascha ist ratlos.

Dann hat sie Werner, einen anderen Kommilitonen, kennengelernt. »Werner ist ein Mann«, sagt sie. »Er hat sich nie rumkommandieren lassen. Er hat immer genau gewußt, was er jetzt noch machen will oder muß. Davon ließ er sich nicht abbringen.«

Hätte sie mit ihm zusammenziehen wollen? »Oh ja, sehr. Aber Werner wollte das nicht. Einfach nicht.« Aber andere Männer haben durfte sie nicht, das hätte ihn an seine Mutter erinnert. »Die Architektur war unser Thema, unser Leben. Mein Gott, wie dogmatisch er war! Unsere Beziehung war eine Art Geheimbund. Wir gegen die übrige Welt bedeutungsloser anpasserischer Architekten.« Sie muß lachen und den Kopf schütteln, und ihre Stimme ist so heiser wie immer. »Es ging alles um den Entwurf. Um Architekturtheorie. Mit Männern kann man abstrakter reden ... Heiraten wollte ich ja eigentlich auch nicht, aber *er* hat Vorbehalte gegen unsere Beziehung gehabt, die irgendwie unüberwindlich waren. Nach drei Jahren schrieb er mir einen Brief, er habe sich damals nur mit mir eingelassen, weil er die, die er eigentlich wollte, nicht gekriegt hat. Irgendwie war das so ein erklärender Abschiedsbrief. Ich war so traurig, daß ich ihn sofort betrogen habe. Bin mit einem ins Bett. Der wollte dann weitermachen. Als Werner davon erfuhr, hat er eine gewaltige Eifersuchtsszene gemacht, ge-waltig! Na, dann bin ich zu ihm zurück. Aber es ist immer etwas geblieben, ein Rest, als ob der Brief eben doch so gemeint gewesen wäre ... Ich war Werners erste Frau überhaupt. Das war ein Problem. Da hatte er so eine Art Panik, weil er meinte, ich sei es nun – die Richtige – und damit Endstation. Für immer! Mit der ersten Frau, die er überhaupt kennengelernt hat! Und sonst hatte er keine Ahnung von Frauen. Das hat ihm irgendwie keine Ruhe gelassen, aber trennen wollte er sich auch nicht von mir. Na, und Werner weiß, wie man sich auf dem ›Parkett‹ bewegt. Und ich! Mein Gott, ich stoß’ doch einfach überall an. Ich breche Streit vom Zaun, das geht ganz schnell. Ich weiß schon, ich benehme mich absolut daneben, ja wirklich, das ist so. Ich reg’ mich sofort auf, wenn mir eine Meinung nicht paßt. Und irgendwann brech’ ich zusammen, der Alkohol und diese Aufregung. Und nachher, wenn ich wieder klar bin, merke ich, das war ja ein wichtiger Architekturkritiker, mit dem ich im Clinch war, und der wird sich meinen Bau jetzt ganz bestimmt nicht ansehen, geschweige denn ihn besprechen. Werner war das unangenehm, er, mit seiner guten Familie. Wenn ich dann so traurig war wegen ihm, dann hab’ ich ihn immer betrogen. Ob ich mich für sinnlich halte? Nein!... Also auch nicht einfach für unsinnlich. Ich geh’ schon gern mit einem Mann ins Bett.

Von Werner war ich ja mal schwanger. Stolz und benommen vor Glück war er im ersten Augenblick. Dann haben wir hin und her überlegt; schließlich habe ich abgetrieben. Gerade jetzt vor kurzem hat eine Frau gesagt, das sei gelogen, wenn eine Frau meine, eine Abtreibung habe ihr nichts ausgemacht und belaste sie nicht. Aber bei mir ist es wirklich so.

Ich fühlte mich viel besser als Frau *nach* der Abtreibung. Ich fühlte mich körperlicher, weiblicher, schöner. Ja, schöner. Selbstsicherer. Früher hatte ich immer Szenen gemacht, wenn ich mit Werner wo eingeladen war, und ein, zwei schöne Frauen waren da. Das war nun wirklich nicht schön für ihn. Wie viele Abende ich damit kaputt gemacht habe! Das war alles Eifersucht, weil ich mich so häßlich fand. Das änderte sich mit der Abtreibung, und als ich dann ein paar Monate in Italien war, da blühte ich als Frau auf. Es wurde alles schöner, weicher, natürlicher, erotischer. Aber Werner erklärte mir, das sei nichts für mich. Ich müsse nach England. Ich ging also nach London. Und das war Horror für mich, Horror! Frauen wie Nutten, halber Busen raus auch im Winter, und diese Schuhe, diese brutale Schminkerei, hingeklatscht, grell, billig und das Begleitgesäusel! Dieses Gesäusel ist ein fach un-er-träglich. Und die Männer, heißgelaufen auf diese Monster. Und daneben die andere Sorte, die Gouvernanten und Lehrerinnen, also ganz zugeknöpft und adrett und ohne Körper so über alles hin und unten die perversen Schuhe mit den Schleifchen drauf. Ich war selten so unglücklich und wußte nie, was ich anziehen sollte. Die konnten auch mit mir nichts anfangen, die Männer, so wie ich nicht mit ihnen. Nur die Iren waren anders und sogar die Amerikaner. Also, London war schrecklich. Nichts Erotisches. Nichts Subtiles. Nichts Ästhetisches. Nichts Ehrliches. Keine Wärme ... Ich entrüste mich ja, als ob meine Mutter über London spräche. Ich hab' ja nun weiß Gott nichts gegen Schminke.«

Wie es ihr jetzt so geht? Jetzt ist sie mit Max befreundet, auch schon seit einigen Jahren. »Mit Max«, sagt sie, »bin ich ganz verschworen. Wir sind beide Stänkerer und ausgestoßen; wir gehören nicht dazu, aber zusammen. Und, was mir immer das Wichtigste war – und das war auch mit Werner so –, ich kann mit ihm über meine Arbeit reden. Und er ist mindestens so gut wie ich als Architekt, also vielleicht ist er besser ...« Sie zögert. »Seine Projekte, seine Bauten, die sind ...

die sind auch sehr männlich für mich, obwohl er selber ja gar nicht so aussieht, eher weich und etwas schlapp. Ja, eigentlich ist es sehr ähnlich wie mit Werner, auch so ein Geheimbund, so was Verschworenes: Wir gegen alle anderen. Ich kann nur so was produzieren. Dabei ist das so anstrengend: immer Kampfstellung, Anspannung, Wut, um kreativ werden zu können. Aber anders kommt bei mir nichts, hab' ich keinen kreativen Dampf. Werner kennt und mag Max ja auch sehr. Wir waren ein Dreierteam, Max gehörte auch zu unserem Bündnis damals ... Eigentlich bin ich ganz in der Familie geblieben ...« Sie guckt ausgiebig ratlos und denkt an ihre Eltern, die auch zu zweit gegen die Welt ... und der Familienclan um Großvaters Haus ... Sie richtet sich auf, und ich bemerke erst jetzt, wie zusammengekauert sie immer dasitzt, sieht mich traurig an, nein, mit dieser Mischung aus Trauer und Selbstironie: »Ja ... alles nichts Neues.

Nur, was ich an Max so liebe, ist seine Versöhnlichkeit. Und er will immer noch, daß ich möglichst immer bei ihm zu Hause bin. Für ihn ist es klar. Er will mit mir zusammenbleiben. Er hat sozusagen seine Ruhe mit mir gefunden. Für das Chaos bin ich zuständig, da muß er das nicht leben und kann statt dessen zu Hause mit seinen Eisenbahnen spielen.

Neben der Architektur kennt er nichts. Ich bin schon einseitig. Aber er! Ist er mir eigentlich männlich genug? Vielleicht laß' ich nicht zu, daß er männlicher ist, vielleicht verhindere ich das? Obwohl er mir in die Arbeit immerzu reinredet ... Wenn wir Streit haben, geht es hoch her, weil er zwischendurch geradezu cholerisch ist. Na, und ich ...! Und dann versöhnt er sich eben wieder. Neulich hat er gesagt: ›Mascha, ich liebe dich seit vielen Jahren und liebe dich immer weiter, aber mein Herz, Mascha, diese Sachen wie Aus-dem-Fenster-springen-Wollen und Nackt-in-den-Flur-raus-Drängen, das verträgt mein Herz nicht mehr, bitte.‹« Sie schüttelt etwas besorgt den Kopf, aber nicht wegen seines Gesundheitszustandes.

»Die große Liebe? Ich weiß nicht so recht, ich glaube mehr an die Freundschaft. Ein gemeinsames Thema, eine gemeinsame Sache haben, sich austauschen, vielleicht zusammen arbeiten. Natürlich hab' ich früher dran geglaubt. Und wie! Und wie!! Wenn's mich erwischt, dann mach' ich schon einiges, denke ich, auch heute noch.

Liebe ...? Ich bin ein Fisch, laß mich im Wasser treiben. Sex – das ist mir schon wichtig, aber bitte, nicht immerzu. Aus dem Alter«, sie lacht, »bin ich raus. Also mit mir nicht. Bin auch nie an Männer geraten, die immerzu wollten. Früher, was hat man da nicht alles unternommen, um von Männern beachtet zu werden. Wenn ich heute einen Mann sehe, weiß ich doch gleich, halt, Mascha, der sucht das und das, oder der ist so und so. Da bleiben wenige Männer übrig, die einen überhaupt noch neugierig machen. Viel früher, als ich noch gar keinen Grund dazu hatte, da hatte ich plötzlich mal diese Angst vor dem Älterwerden, daß ich mal nicht mehr attraktiv wäre. Irgendwann ging das vorbei, ich dachte: Mascha, du mußt nicht mehr alles haben. Und dann war es gut.

Meine Beziehung zu Frauen? Die hat sich sehr verändert. Früher waren die Frauen für mich das absolute Feindbild. Konkurrenz! Heute ist das ganz anders. Frauen vertraue ich. Das ist ein wunderbares Gefühl. Merkwürdigerweise lerne ich jetzt auch viel mehr Frauen kennen als früher. Ja, ich glaube, das ist das Wesentliche an meiner Beziehung zu Frauen: Vertrauen.

Frauenbewegung – da hab' ich ein paar Anläufe genommen ... Ich kenne auch Frauen ... solche, die immer mit dem Banner voran sind ... aber mir war das immer zu einseitig. Und ohne Männer zu leben, das ist für mich undenkbar. Ohne Männer kann ich nicht leben. Ich arbeite ja auch meistens mit Männern zusammen.

Mit Hannah, meiner Chefin in London, bin ich sehr gut ausgekommen, und das ist wirklich eine eigenwillige und berühmte Architektin; ich hab' auch mal einen Wettbewerb mit einer Frau zusammen gemacht, da haben wir uns zwar entsetzlich in die Wolle gekriegt, aber jetzt geht's wieder ganz gut. Also, so ist es nicht. Aber ich brauche eine feste Bezugsperson, sonst hänge ich nur so in der Gegend rum. Und da kann ich mir immer nur einen Mann vorstellen. Nur.

Die Zukunft? Ich habe einen großen Wunsch für die Zukunft: gelöst sein können und morgens mit dem Gedanken aufwachen – schön, und morgen geht's weiter. Für später, da wünsche ich mir so eine Art Familie, wo ich schon keine richtige Familie habe. So eine Art Familie, einen Kreis von guten Freunden, auch über die Grenze hinaus, nicht nur in der Schweiz. Vielleicht könnte man dann auch mal jemanden unterstützen. Ich weiß, wie nötig man das haben kann, und es würde mir Spaß machen. Und finanziell ein bißchen mehr Sicherheit, das wäre schön. Es ist schon zermürbend, immer von Auftrag zu Auftrag zu warten und nie genug Geld zu haben. Dann würde ich auch mehr reisen, aber eine Wohnung in Zürich müßte doch immer sein, die Enge brauche ich. Aber wieder mal durch Städte laufen ... Und dann sehe ich mich lehrend, so an der Wand etwas demonstrierend, etwas an Schüler weitergebend.

Ob ich irgendwann doch noch mal ein Kind kriege? Wer weiß. Ganz fertig bin ich damit noch nicht. Immer an Weihnachten fange ich an zu heulen. Eine Zeitlang habe ich mir so sehr ein Kind von Max gewünscht. Da habe ich bei jeder Gelegenheit, wenn mich in Gesellschaft jemand gefragt hat, wie's mir geht, gesagt: Ich möchte unbedingt von Max ein Kind. Dann haben alle auf Max geguckt und überhaupt geguckt ... Ich habe zu Max gesagt, man muß laut drüber reden, dann geht der Wunsch weg. Natürlich würde ich den Beruf und das Malen mit Kind nicht aufgeben. Kann ich nicht.

Und eben, eine feste Beziehung, die brauch' ich einfach. Ich bin zu haltlos allein. Ohne die bin ich verloren. Max und ich, wir haben uns jetzt entschieden, zusammenzuziehen.

Und Max ist so lieb. Er wartet, daß ich heimkomme und macht sich Sorgen. Also, da muß ich einfach heimgehen und kann nicht endlos in Kneipen rumhängen und absacken. Und er kauft ein und kocht. Oder er kauft ein und will, daß ich koche oder daß wir zusammen kochen.

Was die Malerei angeht, ich verkaufe ja gut. Aber es gibt auch große Pausen mit dem Malen.

Im Atelier, beim Malen, und überhaupt, das wäre mein größter Zukunftstraum: daß ich dasitze und weiß, morgen geht's weiter. Jetzt habe ich immer so das Gefühl, alles muß jetzt und hier und sofort sein, in diesem Augenblick, denn wer weiß, wie das morgen ...

Stimmt, da war – oder ist – immer dieser Wunsch, was Großes zu werden und diese ständige Anspannung. Und für die Zukunft dann wieder diese Vision der Gelöstheit. Das sollte vielleicht wichtiger werden. Nicht mehr so angespannt sein. Ja. Gelöst, das ist das Wort.«

Sophie

Hausfrau, verheiratet, drei Kinder

»Wie's mir geht? – Als Mutter oder als Frau?« oder: »Es geht einfach ums Überleben«

Ehe Sophie kam, hat sie daheim noch den Tisch fürs Abendessen gedeckt, und mir brachte sie einen Blumenstrauß mit. In der Stadt wollte sie nicht essen gehen – »In einer Wohnung ist es gemütlicher«, sagte sie. Sie will keine Kosten verursachen, denke ich und schaue auf ihre halbhohen Sportschuhe mit den langen Schnürsenkeln. Ihre Füße sehen aus, als ob sie darin Halt suchen. Tatsächlich, den einen Fuß hat sie vor kurzem gebrochen, und er mußte operiert werden. »Wie das mit der Operation gegangen ist? Ach, es ging sehr gut, danke, prima.« Und dann, als ob das keine Kehrtwendung wäre: »Also, der Arzt hat alles noch mal aufmachen müssen, weil er den Nagel zu weit hineingetrieben hatte. Ich mußte sehr lange Antibiotika nehmen, das hat mich unheimlich müde gemacht. Auf einmal konnte ich nicht mehr. Erst hat mir eine Freundin geholfen. Dann hab' ich gesagt, ich will eine Putzfrau. Die Putzfrau kommt jetzt einmal in der Woche für einen halben Tag. Und das sind die Momente, in denen ich glücklich bin. In denen ich nicht allein bin.« Sie guckt, als ob das die einleuchtendste Sache der Welt wäre. »Verständigen können wir uns nicht, sie spricht griechisch, aber sie kommt rein und weiß Bescheid. Und ich denke, mein Gott, es ist jemand da, der mich unterstützt. Wir sind zu *zweit,* und ich muß nur Geld dafür zahlen, ich muß sie nicht auch noch *lieben.* Das ist toll. Ich bügle dann oder kann mal in Ruhe zum Arzt.

Nachdenken, was ich möchte, was ich für Wünsche, Pläne habe, das liegt nicht drin. Im Bus, auf dem Weg zum Arzt vielleicht ... aber der Weg ist so kurz, da gebe ich das auf. Ich habe keine Zukunftsträume.« Sie schiebt die Nudeln auf ihrem Teller ein bißchen mit der Gabel hin und her. Und weil sie nach unten guckt, muß sie die glatten, strähnigen Haare wieder hinters Ohr streichen.

»Großmutter zu spielen irgendwann, daran liegt mir nichts, überhaupt nicht. Ich möchte gar nicht so alt werden. Und was sein könnte, kann ich mir nicht vorstellen. Vielleicht, wenn die Kinder alle aus dem Haus sind und ich den ganzen Tag arbeiten könnte, ginge es mit meinem Mann wieder. Dann hätten wir vielleicht wieder Gesprächsstoff. Der Haushalt, der kotzt mich an, davon will ich einfach nichts erzählen, das ist doch kein Thema ...

Ich kann mir nicht vorstellen, zu Hause zu bleiben, bis die beiden Kleinen – jetzt sind sie vier und sieben – größer sind. Ich dreh' durch. Ich hab' mir das alles anders vorgestellt. Ich dachte, Martin und ich, wir lieben uns, das war auch so. Wir wollten heiraten und Kinder haben. Warum sollte das *nicht* gehen? Es ist ja das ganz Normale, was alle machen. Es war klar für mich, daß ich bei den Kindern zu Hause bleibe, denn den Simon hatte ich ja ganz allein aufgezogen, den Ältesten. So was wollte ich nicht mehr. Die Krippenleiterin damals war ja sehr nett, aber immer früh am Morgen mußte ich das Kind abliefern, und die Hetze! Und abends um sechs mußten alle abgeholt sein, da wird zugemacht und basta. Und im Winter, wenn die Busse steckenbleiben oder die Straßenbahn, oder du mußt Überstunden machen oder noch zum Zahnarzt. Um sechs mußt du da sein, um jeden Preis. Und die Kinder müssen da immer kämpfen, sich durchsetzen, damit sie nicht übersehen werden. Die gehen sonst einfach unter. Und wenn das Kind krank ist, kann man es nicht in die Krippe bringen, aber man muß doch ins Büro. Ich hab' dann manchmal so getan, als ob ich nicht merkte, daß er Fieber hat und ihn trotzdem hingebracht. Aber mit welchen Gefühlen man dann im Büro sitzt, das ist unbeschreiblich.«

Mit dem Essen ist sie fertig. Da geht nichts mehr runter im Moment, aber den Teller schiebt sie nicht von sich weg, weil das unhöflich sein könnte.

»Es sind ja die Mütter, die schuld sind, wenn aus den Kindern nichts wird. Und es war ja nur ich da, die schuld sein konnte, sonst war ja niemand da. Ich war neunzehn, als ich Simon bekam, und mit dem Vater, da ging nichts. Es war alles viel zu früh. Man wird älter, und heute habe ich die Dinge doch besser im Griff. Was ich damals für Vorstellungen von meinem Leben hatte? Von der Zukunft? Keine.«

Sie sitzt da und sieht wieder wie neunzehn aus und nicht nur hilflos; auf einmal scheint sie alle Türen zuschlagen zu müssen und will wie fort aus ihrem Leben.

»Über meine Kindheit und Jugend spreche ich nicht. Ich habe nie davon gesprochen, zu keinem Menschen, weil es zu entsetzlich war. Niemand weiß davon, auch mein Mann nicht. Nein, ich wußte damals nicht, wer ich bin und was ich wollen könnte. Heute denke ich: Verdränge es.«

Ihre blauen Augen verschwimmen hinter der Nickelbrille, aber sie sitzt ganz ruhig. Ihre Bewegungen sind nie fahrig, nur später am Abend zieht sie das Bein hoch auf die Sesselkante, und das Kissen rutscht raus. Sie trägt Hosen und Sweat-Shirts, die man sofort vergißt, Farben, die immer im Hintergrund bleiben, wie sie selbst. Auf Gesellschaften würde man kaum bemerken, daß sie da ist, aber sie geht auch nicht auf Gesellschaften. Und wenn, wäre sie die, die der Hausfrau schon vorher in der Küche hilft und das Aperitif-Gebäck herumreicht, damit niemand übergangen wird, und die hinterher noch aufräumt und sich tausendmal bedankt. Geschminkt habe ich sie noch nie gesehen, aber ich bin sicher, wenn sie plötzlich mal ein Kleid trüge oder eine richtige Farbe, und sie hätte sich entschlossen, ihren aschblonden Haaren einen Schnitt zu verschaffen – sie wäre gar nicht mehr so unauffällig, sondern lebhaft und kräftig, und ihr Temperament würde Männer aufmerksam machen, und die Frauen auch.

»Allerleirauh« kommt mir in den Sinn, das Märchen der Brüder Grimm. Da war eine Prinzessin, die wurde von ihrem eigenen Vater zur Frau begehrt, nachdem die Königin gestorben war. Das Mädchen wehrte sich, als aber der Vater von seinem Wunsch nicht abließ, kleidete es sich in Fellstücke und ging in die Welt. Als Küchenmädchen diente sie an einem fremden Hof und schlief nachts in der Herdasche, die ihr Gesicht schwärzte und es unkenntlich machte. Nur in einer Nußschale hatte Allerleirauh drei prächtige Kleider ...

Simon, der Große, ist jetzt neunzehn. »Und«, sagt sie, »ich hab' Glück gehabt. Er geht jeden Tag zur Arbeit, die Lehre macht ihm Spaß. Er spart sein Geld für den Sport, seine Hobbys, raucht und trinkt nicht. Nur ist er jetzt manchmal so aufbrausend, so verletzend. Das muß wohl so sein, aber mich kränkt es doch. Beschweren kann man sich wirklich nicht. Er könnte ja Hasch rauchen oder sonstwas.«

Warum sie dann trotzdem bedrückt ist? Vielleicht, weil sie ihn nun verliert. »Er ist so groß geworden, ich hätte das nie für möglich gehalten. Erst denkt man, das bleibt ja immer gleich, geht gar nicht vorwärts. Jetzt braucht er mich gar nicht mehr, aber er wohnt noch bei uns, und das stimmt irgendwie nicht für mich. Dann wär' er besser weg. Er wird aber noch ein paar Jahre im Haus bleiben, es geht finanziell nicht anders. Die Claudia, die zieht sich auch schon morgens an und geht in den Kindergarten. Das ist ja richtig. Nur ich kann nicht gehen ...

Ich hab' eine Nachbarin, die muß ihre Kinder unheimlich gern haben. Die schreibt immer alles auf, was die Kinder neu dazugelernt haben, jeden Schritt. Mir kommt das aber vor wie noch mehr Festhalten, das möchte ich dann doch nicht. Aber manchmal, wenn ich das sehe, frage ich mich, ob ich eine gute Mutter bin. Es gibt nämlich schon Sachen, die ich einfach nicht mache – alles kaufen, was die Kinder wollen zum Beispiel, das gibt's einfach nicht bei mir. Und beim Essen, da ist auch irgendwann Schluß. Dann räum' ich ab, egal, ob sie gegessen haben. Bei der Nachbarin, da zieht sich das endlos hin. Die Kinder sind so frech und stänkern so rum, daß ich sie manchmal erwürgen könnte. Schmeißen die Gabel ins Essen und sagen nur ›iih‹ und rennen einfach raus. Und sie hat eingekauft und gekocht und gemacht. Und läßt das alles über sich ergehen. Jetzt geht sie zum Psychiater, um ein bißchen Begleitung zu haben. Als ihre Kleine mich ›dumme Sau‹ genannt hat, hab' ich ihr eine geknallt. Wir sagen das ja auch nicht zu den Kindern.

Bei uns ist es mörderisch eng. Der große Simon in seinem winzigen Zimmer, das Wohnzimmer immer knallvoll mit der ungebügelten Wäsche, die zwei Kleinen zusammen in einem Zimmer, na, und das enge Schlafzimmer.

Mara ist so ein anhängliches Kind, das ist oft schön, wenn sie sich zu uns ins Bett zwängt, aber auch nicht immer. Am Morgen, wenn ich die Kleine in die Spielgruppe gebracht habe und einkaufen gegangen bin und nach Hause komme, steht der ganze Frühstückstisch noch voll, Krümel, Flecke, halbgegessene verschmierte Brote, jeden Morgen, jeden Tag; dann könnte ich erstmal weinen. Eigentlich möchte ich mich dann nur hinsetzen und einen Tee trinken, da hab' ich aber das schlechte Gewissen, denn bald sind die Kinder wieder da und brauchen mich. Und mittags kommt Martin zum Essen (der bringt die Kleine mit heim), und da muß die Wohnung doch einigermaßen aussehen. Und die Mengen zu kochen und Kartoffeln zu schälen. Die essen alle so viel. Wie die Scheunendrescher. Nur man selbst kriegt kaum was runter.«

Nein, sie will noch nicht mal mehr was trinken. Und der Wein haut sie ganz schnell um.

»Einmal in der Woche koche ich für meine Nachbarin und ihre drei mit, dann sind wir neun, zehn Personen am Tisch, und einmal in der Woche macht sie das. Ich frage mich aber, ob das was bringt. Auch wenn sie mal auf einen Kaffee kommt, irgendwie bringt's das nicht. Dann wollen die Kinder raus, und ich muß mit, weil Mara nicht alleine gehen will. Aber ich mag nicht mit den anderen Müttern über die Kinder sprechen, ich hasse das. Und Claudia, die hat immer diese Bronchitis und hustet Tag und Nacht. Das heißt, ich muß nachts immer raus. Ich brauch' wohl jetzt auch weniger Schlaf. Wahrscheinlich ist es aber einfach Abgewöhnung. Und Mara hat Pseudokrupp, schon ganz früh bekommen. Das ist ganz schrecklich, diese Atemnot. Man muß dann ganz ruhig bleiben, gleich ins Bad, sie entspannen und ihr ein Zäpfchen geben. Jetzt kommt der Winter, da ist's schlimmer als im Sommer. Wenn sie zu ersticken droht, das merkt man, dann natürlich sofort ins Krankenhaus. Einmal hatte sie einen Fieberanfall, das war das Schrecklichste überhaupt; sie wurde ganz starr, ihr Gesicht verzerrt und blau, und ich rief den Rettungswagen. Die kamen Gott sei Dank mit Beatmungsgeräten.

Am Abend möchte Martin es gemütlich haben, wenn er aus dem Büro kommt. Zusammen abendessen, ausspannen und mit mir zusammensein. Ich bin daran schuld, daß das nicht geht, oft nicht geht. Wenn ich mich verspanne, kriege ich diese Kopfschmerzen oder Kreuzschmerzen, daß ich schreien könnte. Gut, gegen die Kopfschmerzen kann man was schlucken, aber gegen das Gefühl, daß mich nur ja keiner anfassen soll, dagegen kann man nichts machen.

Dann ist er da mit seinen Wünschen nach Ruhe, Zärtlichkeit und Nähe. Ich geh' manchmal schon um neun ins Bett und tue so, als ob ich schlafe, damit er nicht auf Liebesgedanken kommt, oder ich schlaf' wirklich sofort ein. Da hab' ich wahrhaftig keine Mühe damit. Es ist einfach zuviel.

Anders leben? Mit jemand anderem? Nicht, wenn es mit Gefühl verbunden ist; das müßte unverbindlich sein, so wie bei dir und dem Au-pair-Mädchen. Dem bist du keine Gefühle schuldig! Und das Herrliche ist, sie hilft, sie unterstützt, aber du mußt nicht immer was geben. Sie kriegt einfach ihr Geld, ihr Gehalt. Ich kriege kein Gehalt. Nie hab' ich was, und Martin meint, er muß für uns alle verdienen, und damit ist's genug. Das ist ja auch sehr anstrengend, diese Verantwortung dafür, daß Geld reinkommt. Und er nimmt das sehr ernst und ist zuverlässig. Aber auf mehr hab' ich keinen Anspruch. Er findet, ich muß mit meinen Sachen fertig werden, und er hat es schwer genug. Nur hab' ich gedacht, wenn man verheiratet ist, hat man jemanden, der einen auch begleitet, und umgekehrt. Daß es nicht klappt, daran bin ich schuld, weil die Spannungen immer meine Spannungen sind. Er ist es, der die Putzfrau bezahlt, für mich, und er ist sogar damit einverstanden, daß ich ab nächsten Monat zwei von vier Wochenenden arbeiten gehe. Das ist wirklich großzügig von ihm, denn dann arbeitet er fünf Tage, und an zweien muß er noch zusätzlich die Kinder hüten.

So sieht er das. Er sagt immer wieder, wie froh ich sein muß. Er bringt das Geld, und ich bin abhängig. Das Schlimme ist nur, daß er weiß, das stimmt eigentlich nicht. Deshalb sagt er es auch so oft.

Und ich weiß das auch. Ich hab' ja die Erfahrung gemacht – und das macht keiner rückgängig – daß ich arbeiten und ein Kind allein aufziehen kann. Und Simon ist groß, da sind zwar noch die zwei Kleinen, aber ich könnte es, das weiß ich.

Als Martin die Weiterbildung gemacht hat, habe ich morgens von vier bis sieben Zeitungen ausgetragen. Wenn ich heimkam, standen die Kinder auf, und die tägliche Arbeit begann. Da merkte ich, was ich alles kann.«

Die Serviette hat sie zu einer ganz festen Wurst gedreht oder zu einem Strick, und sie lächelt schon lange nicht mehr.

»Wenn ich auf die Zeit damals mit Simon zurückblicke – das war hart; aber jetzt ist es schwerer. Jetzt ist noch der Mann da. Mit den Kindern allein und arbeiten, das ginge. Aber nähme ich Martin und den Kindern nicht zu viel weg? Natürlich würde ich jedes Besuchsrecht einräumen. Und die

Kinder? Dürfte ich sie behalten? Das war bei Simon ja keine Frage.

Feminismus ist für mich nur ein Wort, wie Selbstverwirklichung auch. Ich fühle mich unwohl in Gruppen, und ich bin nicht einfach mit allen Frauen solidarisch. Und was soll das, Selbstverwirklichung? Was ist das eigentlich? Es geht einfach ums Überleben.

Ja, frei sein möchte ich. Und allein sein. Aber das sind halt jetzt die härtesten Jahre. Das geht auch vorbei, und später erinnert man sich nur noch an die schönen Augenblicke, als die Kleinen so niedlich waren. Oder nicht ...? Wenn wir erstmal die Schulden abbezahlt haben, wird es auch leichter. Wenn ich jetzt selber was verdiene ... nein, davon gehe ich nicht Tennis spielen. Also, das geht nicht auch noch, daß ich arbeiten und dann noch zu meinem Vergnügen Tennis spielen gehe.

In der letzten Zeit hatte ich immer denselben Traum. Ich hatte ein Kind im Bauch, und dann war es weg. Das ist ganz klar. Wenn ich schwanger würde, würde ich es wegmachen lassen. Unvorstellbar, noch ein Kind. Die Pille kann ich aber nicht mehr schlucken, die bleibt mir im Hals stecken. Buchstäblich bring' ich sie nicht mehr runter. Und wenn man sie mal vergißt ...

Ich hatte eine Gebärmutterentzündung. Aber jetzt habe ich doch wieder eine Spirale. Unterbinden ist zu teuer, das Geld haben wir im Augenblick nicht. Und wenn man mit Spirale schwanger wird, ist es kein Problem, das Kind wegmachen zu lassen.

Eigentlich muß ich ja lachen wegen der Spirale. Denn wenn's nach mir ginge, bräuchte ich die gar nicht. Von mir aus nicht. Mit einem anderen Mann was anfangen? Nein, das würde mich absolut anöden. Ist doch alles dasselbe. Wenn zwei sich lieben, und man steckt sie zusammen in eine Wohnung, dann geht alles kaputt. Da verschwindet die Liebe einfach. Was Liebe ist? Das weiß ich wirklich nicht. Aber auf engem Raum kann die sich nicht halten. – Ob ich Martin liebe? Natürlich nicht. Oh Gott, was ich da sage. Was hab' ich da gesagt ...! Es ist schon so, Männer und Sexualität spielen keine große Rolle in meinem Leben. Das hängt auch mit meinem Vater und meiner Kindheit zusammen. Es ist Angst. Das weiß ich.« Ihr Gesicht hat wieder diesen Ausdruck, als müsse sie im gleichen Augenblick davonlaufen und jeden Menschen abweisen.

»Einmal war da früher ein Freund. Wir waren mehrere Jahre zusammen, hatten aber zwei Wohnungen. Neulich rief er nach langer Zeit an und fragte, wie es mir ginge. ›Sehr gut‹, sagte ich. Er ist inzwischen auch verheiratet, und ihm ging es nicht so besonders. Das hat mich richtig befriedigt, daß es allen gleich geht. Vielleicht wäre das eine Alternative, mit zwei Wohnungen. Dann müßte Martin selbst nach seinen Sachen gucken, und zu Besuch ist er ja auch so nur da, und nicht mehr.

Neulich bin ich durchgedreht. Mara hatte einen schlechten Tag und war quengelig. Und wenn die Kinder was wollen und man reagiert nicht, dann fordern sie immer lauter und lassen nicht ab, und man gibt schließlich nach, weil es unerträglich ist, und schmeißt die Zeitung halt in die Ecke und verzichtet auf den Wunsch nach einer im Zusammenhang gelesenen Zeile und den ganzen Artikel überhaupt und einen konzentrierten Augenblick. Und dann war das Klo und damit das Bad ständig besetzt und über den Rand gepinkelt, und die Zahnpastatube hatte wieder einer nicht zugemacht, und die Schuhe wischt überhaupt keiner ab, ich mach' ja sauber. Und ich bin im Flur über den Haufen Legosteine gestolpert, und Claudia hatte nachts immer so gehustet, daß ich nicht schlafen konnte, und die Wäsche lag da rum. Seit zwei Tagen hatte ich auch dieses Kopfweh. Am Nachmittag ging ich mit Mara zu einer Nachbarin. Ich hatte was zu Stricken mitgenommen, aber kaum waren wir drüben, setzte sich die Kleine von der Nachbarin auf meinen Schoß, und Mara klammerte sich daneben an meinem Pullover fest. Immer sitzt wer auf meinem Schoß oder macht sich an mir zu schaffen. Ich habe nicht nur nicht gestrickt, sondern in zweieinhalb Stunden auch keinen einzigen zusammenhängenden Satz mit der Nachbarin gesprochen. Und dann fing Mara an zu schreien und hörte nicht mehr auf, einfach nicht mehr auf. Da dachte ich daran, daß am Morgen in der Bild-Zeitung gestanden hatte, eine Frau habe ihr Kind zum Fenster hinausgeworfen. Sonst lese ich keine Bild-Zeitung, aber das habe ich gesehen und gedacht: Die Arme! Und auf einmal hätte ich das Fenster aufmachen können und Mara auch hinausschmeißen. Ich war so fertig. So unglaublich fertig.

Ich schnappte sie und ging heim. Zu Hause saß Simon vor dem Fernseher. Da war's aus. Ich sagte, er solle den Kasten ausmachen, und da kriegte er einen Anfall, weil er immer wegen der Kleinen Rücksicht nehmen muß. Dabei konnte *ich* nicht auch noch den Fernseher ertragen. Da habe ich zum ersten Mal in sechs Jahren bei Martin im Büro angerufen, er solle heimkommen, sofort, ich könne nicht mehr.

Als er kam, sah er mich an, als ob ich verrückt sei. Es herrschte Ruhe. Mara schrie nicht mehr, sondern spielte friedlich. Simon hatte den Fernseher ausgemacht und war in seinem Zimmer. Und dann kam Claudia strahlend heim und zeigte ihre Handarbeit. Idylle! Ich war wütend und k.o. Martin weiß einfach nicht, was los ist. – Da gibt es nur Durchhalten. Es fragt ja auch keiner, ob ich's schaffe, also was soll man anderes machen als durchzuhalten? Männer können kündigen, wenn es ihnen wo gar nicht gefällt. Aber wir, wir können das nicht. Niemals. Das ist ungerecht. Und wenn ich jetzt an den Wochenenden arbeiten gehe und Martin so großzügig ist und das immer betont, sind noch diese Schuldgefühle da. Auch das noch.« – Sie putzt die restlichen Nudeln aus der Schüssel und stellt die Teller zusammen. Müde ist sie zum Umfallen. Ich sehe ihr nach, wie sie weggeht. Traurig ist sie auch. Ich hätte sie ein Stück begleiten sollen.

Florence
Sekretärin, ledig

«Sex bis ins hohe Alter«
oder: Ihre Träume lassen sich nicht unterkriegen

Jetzt hat sie erst mal gekündigt und fliegt für ein paar Wochen in den Fernen Osten. Florence hat geerbt. Keine Million, aber genug, um sich zu entspannen und die Dinge gelassen zu betrachten. Gekündigt hat sie, und sonst ist alles offen. Bis auf die große Reise, die wollte sie schon lange noch einmal wiederholen. Wir trinken Champagner auf die Zukunft, und sie besteht darauf, mich zum Essen einzuladen.

Im Halbdunkel der »Kronen-Bar« zieht sie einen Zettel aus der Handtasche, da steht alles drauf, was sie morgen machen muß; eine lange Liste: »Blumen gießen, Haare waschen, Katzenfutter kaufen, staubsaugen, Bad« und viele Leute anrufen. Das würde sie nie, wegfahren, ohne sich von den Freundinnen und Freunden zu verabschieden. Das gibt noch ein Mammutprogramm in den nächsten Tagen und viele Einladungen ins Restaurant. Die Freundinnen sollen auch etwas abhaben, wenn es ihr gutgeht, und die männlichen Freunde werden bei ihr zu Hause bekocht. Natürlich werden auch alle eine Karte aus den Ferien bekommen. Und in ihrer Tasche steckt nicht nur der Merkzettel, sondern auch eine Liste all derer, denen aus den Ferien etwas mitgebracht werden soll.

Florence ist Sekretärin. Aber privat ist sie Sekretärin und Chefin zugleich und arbeitet sich selber zu, damit ja nichts schiefgeht. Sie überlegt auch, ob sie nicht ein Testament machen soll vor der Reise, ihre Mutter ist darauf gekommen, und eigentlich hat sie recht, findet Florence und lacht, jetzt, wo doch was da ist. Der Bruder soll nicht alles bekommen, der hat selbst genug. Sie hat so viele Patenkinder, auch die Freundinnen sollen bedacht werden, die Männer aber kriegen nichts.

In den Fernen Osten wird sie Ravioli mitnehmen, für die Freundin, die dort lebt und die sie besuchen will. Die hat zuweilen Sehnsucht nach Heimischem. Verlegenheitsgeschenke, die gibt es bei ihr nicht. Sie hat alles im Kopf, oft besser als die Betreffenden selbst: Vorlieben, Probleme, Wünsche und wichtige Lebensdaten. Ihr Gedächtnis ist zuverlässig wie ein Computer. Und die Zahlen. Wenn der Kellner zusammenzählt auf seinem kleinen Block, Florence ist eher fertig, obwohl sie nur schräg von weitem über den Tisch schaut, und sagt freundlich die Summe. Manchmal hat der Kellner sich verrechnet. Aber Florence bleibt dann freundlich, nur gibt's kein Trinkgeld.

Florence ist alleinstehend. Die letzten sechseinhalb Jahre hat sie zwei Büros und eine energiestrotzende Chefin zusammengehalten. Eine Werbeagentur und, als Tribut an die Volksgesundheit und aus innerer Überzeugung, eine Gesundheitszeitung.

Das Gehalt war nicht besonders, aber in die Arbeit hatte sie sich einbringen können. Zeitschriften-Layout und Inserate, Korrespondenz, Rechnungswesen und die vielen telefonischen Gesundheitsanfragen – eine der Frauen mußte den Überblick haben.

Mit ihrer Chefin war sie per Du. Man sprach halt über alles miteinander, so unter Frauen. Hier und da mußte sie allerdings einen Punkt machen. Vertrautheit gut, aber irgendwie müssen die Überstunden ja kompensiert werden. Zu große Überhänge, das schafft Ungleichgewicht. Das schöne gemeinsame Abendessen ersetzt nicht das ausstehende Urlaubsgeld, und die Weihnachtsgeschenke sind etwas extra, von Frau zu Frau. Da bereitet sie halt selber den Scheck vor, so daß die Chefin nur noch unterschreiben muß.

Florence hat das Sternzeichen Waage, und wenn man den darunter Geborenen Gerechtigkeitssinn, Sinn für das richtige Maß und für Ästhetik zuschreibt – hier stimmt es sicher. Florence kauft ihre Kleider gerne in Italien und weiß immer, was ihr steht. Natürlich hat sie auch mit der Chefin über Kleider und Mode gesprochen. Jedenfalls kam dann diese Geschichte mit der knallgelben Jacke. Heidi, die Chefin, war damit ins Büro gekommen und hatte sie gefragt, wie sie die finde? »Schrecklich«, hat Florence gleich gesagt, so etwas würde und könnte sie nie anziehen, und auch Heidi täte besser daran, das zu lassen. Und nachher stellte sich heraus, daß Heidi ihr die Jacke hatte schenken wollen. Da hat die Neue dann die Jacke bekommen und soll – daran zweifelt Florence allerdings – dankbar und glücklich darüber gewesen sein.

Also, zum Schluß, da hatten sie eben schon Probleme miteinander. Vor allem, wenn Heidi ihr ungerechtfertigte Vorwürfe machte; darauf reagiert Florence allergisch wie auf nichts sonst. Ihr Fehler nachweisen wollen, die der Chef oder die Chefin selber gemacht hat, nein. Und wegen ihres Gehaltes hat sie schon hier und da klare Äußerungen gemacht. Das Deutsch der Chefin manchmal auch sachte korrigiert. Da kamen sie mit der Zeit ein bißchen auseinander. Manchmal, wenn die Chefin sie so angetrieben hat und alles so hektisch war, ist sie in Tränen ausgebrochen. Oder krank geworden.

Nicht häufig, aber gelegentlich, hat sie Migräne, dann muß nachts der Notarzt kommen, so schlimm ist es. Im allgemeinen ist sie aber gegen die schnellen Spritzen und versucht es lieber mit Homöopathie. Schmerzen, das ist ein Kapitel für sich, die kann sie nicht gut aushalten. Sie sorgt da vor, denn nicht bei jeder Art Schmerz kann man den Notarzt rufen. Darum nimmt sie manche homöopathische Pillen schon im voraus, wenn ein Schmerz absehbar ist oder was Trauriges bevorstehen könnte.

Ob sie im Rückblick betrachtet angenehm oder unangenehm gewesen ist, diese Frau-Frau-privat-Dienstgeschichte?

Florence würde schon wieder mit einer Chefin arbeiten. Aber eigentlich will sie in Zukunft nicht mehr Sekretärin sein. Sie überlegt einen Moment: »Aber Chefin auch nicht. Nur mehr teilhaben«, sagt sie, »und es muß eine Arbeit sein, die ich für sinnvoll halte und die keine negativen Folgen für andere Menschen hat. Vielleicht könnte ich auch meine Sprachen ausbauen oder etwas eher Redaktionelles machen, weil ich ein ziemlich gutes Sprachgefühl habe. Und natürlich bleibe ich bei meiner Vier-Tage-Woche, den freien Tag in der Woche geb' ich auf keinen Fall auf. Das war schon früher meine Bedingung, bei der Firma Brunner. Vier Tage und nicht mehr. Der Chef, Brunner selber, wollte das erst nicht. Die Firma lief gut, und die persönliche Sekretärin des Chefs, fand er, müsse immer da sein. Gerade wollte ich ›nein‹ sagen, da sagte er: ›Also gut. Es geht in Ordnung mit vier Tagen.‹

Insgesamt – dreimal, mit Kündigungen dazwischen – war ich zwölfeinhalb Jahre bei Brunner. Gegen Schluß wollte er immer mal wieder in sein Ferienhaus mit mir. Als das nichts wurde, war das Arbeitsklima nicht mehr so gut, etwas spannungsgeladen, sozusagen. Ich habe immer wieder gekündigt und später wieder angefangen bei dieser Firma. Jetzt gehen wir mal der Reihe nach rückwärts.

Das letzte Mal kündigte ich und ging zu Heidi in die Werbeagentur. Das Mal davor kündigte ich, weil ich mit einem Industriellen, einem von Brunners Geschäftspartnern, in die französische Schweiz ging. Ja, Alexej, das war ein wunderbarer Liebhaber, mein bester. Er war fünfzig als wir uns kennenlernten, ich gerade dreißig. Meine Freundinnen konnten sich gar nicht vorstellen, daß das sexuell was sein könnte, so alt war das für uns damals. Aber er war einfach unerreicht. Zuerst wohnten wir zusammen auf dem Land. Dann nahm er noch ein Appartement in der Stadt, damit ihn seine Kinder besuchen konnten. Seine Frau, die am Genfer See in einer Riesenvilla wohnte, kündigte hier und da an, sie würde zu ihm zurückkehren. Dann verließ er mich. Die machte das, glaube ich, nur, um uns eins auszuwischen. Irgendwann kam er dann einfach wieder.«

Ich suche nach Spuren alter Kränkungen in ihrem Gesicht. Aber sie sitzt ganz ruhig, mit unbewegtem Oberkörper, und ihre Stimme hat keinen anderen Klang als vorher. Jetzt, nach zwölf Jahren. »Ich arbeitete damals als freie Sekretärin, dann auch mal in einer Firma, das lief wunderbar. Die wollten nur mich, auch wenn man die Sachen mit der Post hin- und herschicken mußte, weil ich zu Hause arbeitete.

Ein Kind mit ihm, dem Alexej? Ich dachte schon mal dran. Einmal sagte er zu mir im Auto, ich weiß noch genau wann und wo, ›Jetzt hörst du auf mit der Pille!‹ Aber da war ich mir schon nicht mehr sicher mit dem Kind, war still und wußte: Dann nehm' ich die Pille eben heimlich. Er war wirklich ein toller Mann, aber als Vater eines Kindes stellte ich mir was anderes vor. Da hab' ich ganz traditionelle Vorstellungen, weil wir zu Hause so eine intakte Familie waren. Außerdem hatte er sich mal beschwert, meine Freundin Gerda habe ihre Kinder ›nicht richtig in der Hand‹. Da war mir klar: Mit dem nicht. Und dabei blieb es.

Und sonst? Er hatte schon manchmal solche Unternehmerallüren, das konnte ich nicht leiden, da hielt ich nie den Mund. Als er über das Risiko jammerte, das die armen Unternehmer tragen müssen, sagte ich: ›Deshalb hast du vorsichtshalber auch alles deiner Frau überschrieben‹ (und die saß da jetzt mit dem Geld in der großen Villa und wollte ihn nicht mehr). Das saß. Und daß er den Leuten Trinkgeld gab, indem er sie zu sich rief, das ließ ich auch nicht so durch. Wenn man jemandem etwas schenken will, dann geht man auch zu ihm hin und zitiert ihn nicht dazu her.

Als er endlich von seiner Frau geschieden war, verließ er mich. Er hat dann eine Asiatin geheiratet, die war wohl weniger kritisch.«

Ihre Stimme klingt, als wenn sie sagen würde: Ich muß auch mal wieder auf meinem Balkon die Pflanzen umtopfen.

»Ja, da ging ich zurück nach Freiburg, mit Emily, meiner Katze, die uns zugelaufen war, und fing wieder bei Brunner zu arbeiten an. Ich hatte auch vorher schon mal gekündigt, aus Wut. Der Brunner war ein schwieriger Chef, aufbrausend und jähzornig. Einmal kam ich morgens ins Büro, da lagen alle Briefe, die ich ihm am Abend vorher zum Unterschreiben hingelegt hatte, auf dem Boden, wild verstreut. Weil einige Briefe keinen Platz mehr in der Postmappe gehabt hatten und einfach oben drauf lagen! Heute würde ich auf dem Absatz kehrtmachen, nach Hause gehen und warten, bis er anruft. Jedenfalls, ich kündigte eines Tages Knall auf Fall und machte erst mal fünf Monate Ferien.

Damals lebte ich mit Marco zusammen. Marco ist Schauspieler. Ich lernte ihn in einer Discothek kennen. Er hatte gerade eine Beziehung mit einer Künstlerin hinter sich und knackte schwer daran. Überall hingen Bilder von ihr, und ich sollte so aussehen wie sie. Ich sollte die zweite Luisa werden. Wie ich das fand?« Sie schaut, als ob sie in einen Spiegel blickte. »Ich litt. Aber ich sah ihr wirklich ähnlich. Luisa war schon ziemlich bekannt damals ... Zu der Zeit hatte ich auch schon rote Haare, aber einen ganz kurzen Herrenschnitt (obwohl meine Ohren, besonders das eine, ja nicht gerade so ganz schön anliegen). Dazu die Zigarettenspitze und der knallrote Mund, kußecht. Und Schwarz habe ich schon immer viel getragen.

Marco ist ein guter Schauspieler. Natürlich geh' ich auch heute noch überall hin, wo er spielt. Aber sexuell war da halt gar nichts los. Wenn ich Lust hatte, war das wie eine Zumutung für ihn. Und das, wo ich immer so scharf bin. Das war auch der Grund, warum ich ihn dann verließ. Kinder mit Marco? Er wollte nie welche haben, und das paßt auch irgendwie zu ihm.

Ja, Marcos Sex-Unlust. Für mich war das immer ganz anders. Von Anfang an was Tolles, Selbstverständliches, Unbelastetes. Schon als Kind dachte ich, wenn ich sah, wie mein

Vater beim Nachhausekommen meine Mutter küßte und ihr dabei an die Brüste faßte: ›Oh, wie schön ist das. Das will ich auch haben.‹ Mein Vater war sehr prüde erzogen worden, aber eigentlich war er unheimlich geil. Meine Mutter und er hatten bis ins hohe Alter hinein Sex. Da war nie was schief. Meine Mutter sagt immer: ›In der Hinsicht kommst du auf deinen Vater raus.‹ Ich hatte auch nie Schuldgefühle, und die Pille fand ich herrlich. Meine Freundin Gerda hatte zwei Abtreibungen, weil sie die Pille nicht nahm. Für sie war ich ein bißchen unsittlich, verdorben, weil ich da anders dachte. Aber sind Abtreibungen nun besser? Später hatte ich die Spirale, aber ich heulte und schrie, wenn der Arzt sie reinmachte, das tat mir so weh, und gesund ist sie ja auch nicht gerade. Irgendwann hatte ich das über. Ich hab' mich jetzt sterilisieren lassen; ein Tag Krankenhaus und so ein kleiner Schnitt.

Ich bin mir ganz sicher, daß ich kein Kind mehr will, auch wenn ich plötzlich doch noch jemanden kennenlernen sollte, mit dem ich mir das vorstellen könnte. Ich fühl' mich jetzt zu alt fürs Kinderhaben.« Sie zündet sich eine Zigarette an und sagt noch hinterher: »Ich will mein Leben auch nicht mehr so völlig ändern. Und ich hab' ja die vielen Patenkinder. Die kommen immer gern zu mir.

Die Mädchen wollen sich schminken, meine Sachen probieren, mit mir essen oder ins Kino gehen und tun, als ob sie junge Frauen wären ... Bei mir zu Hause gibt es immer etwas, was den Kindern gefällt. Alte Dosen und Schächtelchen, skurrile Bilderbücher und uralte Poesiealben, Federn und Parfumfläschchen. Ich erb' auch immer wieder von meinen alten, ledigen Tanten solche Sachen.«

Ja, die alten, ledigen Tanten von Florence, mit ihrem soliden Geld, ihrer Lebensart und einer Eigenständigkeit, die Schrullen hat und sich bis ans Ende bewahrt – da hätte man schon eine Linie, an der man sich in Florences Zukunft tasten könnte. Aber »Tante« läßt sie sich von den Patenkindern doch lieber nicht nennen. Auch ihre rote Wuschelmähne verbittet sich das, und sie kleidet sich zwar einfach, aber doch ein bißchen – animierend vielleicht mit dem Schwarz und den Lippen, die nie verblassen. Oft spitzt sie den Mund wie zum Küssen, die Wangen werden dann ganz schmal, und die Nase springt ein wenig vor. Die blauen Augen haben etwas Melancholisches unter den leicht hängenden Lidern, und sie achtet auf ihren Gesichtsausdruck, wenn sie an der Zigarette zieht, die aus der silbernen Zigarettendose, Art déco, herausgezaubert scheint.

Hochhackige Schuhe trägt sie nicht mehr, denn wenn schon, müßten es die ganz hohen sein. Mit denen ist sie früher immer und überall herumgestöckelt. Das macht der Rükken aber nicht mehr mit. Sie sitzt und geht sehr gerade, und wenn sie ißt, haben die Finger etwas Gespreiztes; früher muß sie das alles einmal wie vor dem Spiegel einstudiert haben. Damals, als aus der Flora die Florence wurde. Auf den Fotos ist sie denn auch immer dieselbe. Sie bleibt dem treu, was sie werden wollte. Und so hält sie sich selbst am Faden, die Flora die Florence, diese Femme fatale.

Nach den langen Ferien, damals, mit Marco, hat sie wieder Arbeit gesucht. Einhundertfünfzig Angebote bekam sie auf ihr Inserat hin und suchte sich eine Import-Export-Firma aus, die aus vier Herren bestand. Um neun Uhr wollte sie morgens anfangen, die Herren wollten aber, daß sie um viertel vor neun schon Kaffee machen sollte. Florence beschloß äußerst bald, daß sie nicht Dienerin vierer Herren sein wollte und ging zurück zu Brunner, wo sie schon einmal gewesen war und nicht das letzte Mal sein sollte.

Ja, und davor? Da hatte sie in der Budgetabteilung eines großen Warenhauses gearbeitet und morgens die Umsatz-Soll-Zettel an die einzelnen Abteilungen ausgegeben. Nach zehn Monaten kündigte sie. Sie fand, ihre Freundinnen bekämen mehr Lohn. Voilà. Passé.

Aber diese Zeit im Warenhaus. Das war die Zeit mit Jean-Marie, dem Sohn aus allerbestem Haus, Adel war auch noch dabei und die standesgemäße Braut schon ausgesucht. Ein Volontariat machte er im Warenhaus, der Junge sollte Manager werden. »Ach ja, Jean-Marie«, sagt Florence. »Wie die Hühner waren sie um ihn herum, die Mädchen. Ich natürlich nicht. Aber ich hatte meine Informanten, wann Jean in der Kantine war. Dann tauchte ich auf, beiläufig. Einen BH trug ich schon damals seit langem nicht mehr, und meine Nägel waren rot. ›Morgen oder übermorgen wird Jean-Marie mit mir ausgehen‹, verkündete ich den Kolleginnen. ›Ja, hat er dich gefragt?‹ – ›Er wird mich fragen.‹ Und er fragte. ›Weißt du‹, sagte er, ›du hast so schöne Fingernägel, und deine Brüste stehen so weit auseinander ...‹«

Er wohnte dann halb bei ihr, und doch blieb alles heimlich. Wenn sie zusammen ins Theater gingen, durfte sie sich nicht bei ihm einhängen, das hätte als verlobt gegolten. Bei ihr daheim aber durfte er endlich mal die Hühnerknochen abnagen, die Knochen schmiß er weg, und die Melonenkerne spuckte er auf den Boden, nachdem er um Erlaubnis gefragt hatte.

»Ich hab' dann hinterher einfach den Staubsauger genommen und das weggemacht«, sagt Florence. »Nur wenn er mit dem Standesdünkel rauskam, da hatte ich grad' gar kein Verständnis. Da hab' ich ihm einfach mal eine Gabel heiße Nudeln ins Gesicht geschmissen. Ist klar, da ging er. Ich hab' seelenruhig gewartet. Als ich sicher war, jetzt muß er zu Hause sein, rief ich an – und wußte, daß er sofort zurückkommen würde.

Manchmal gingen wir in einen eleganten Club tanzen, da durften Frauen nur mit Röcken rein. Ich wollte aber Hosen anhaben, und elegant waren die auch. Jean-Marie bestand darauf, daß ich ein Kleid anziehen sollte; ich ging ins Badezimmer, nahm eine Rasierklinge und schnitt mir ins Bein. Ich brauchte ein so großes Pflaster, daß ich Hosen anziehen *muß-te*. Man ließ mich in den Club. Die einzige Frau in Hosen, das war ich.«

Schließlich ging Jean-Marie in die USA, und Florence, die wußte, daß dies das Ende ihrer Beziehung sein würde, hatte sich für den ersten Abend allein vorsorglich einen neuen Liebhaber besorgt. Der stand dann schon auf der Matte, als sie vom Flughafenabschied heimkam – nicht gerade ein »Notarzt«, aber schon eine Pille gegen Schmerz, Tränen und Selbstbefragung; nur eine von vielen Übergangslösungen, bis Marco und das Theater in ihr Leben kamen.

»Ich und der Feminismus? Also da ist wahrscheinlich schon alles gesagt ... Vielleicht müßte ich sagen: Gleichberechtigung, Gleichbehandlung der Frauen, das ist für mich selbstverständlich, da reagiere ich ganz empfindlich, wenn ich das verletzt fühle, egal ob es dabei nun um das Gehalt, die Pflichtenaufteilung im Büro oder die Arbeit im Haushalt geht. Da meldet sich sofort etwas in mir, wenn ich Unterdrückung, Zumutungen spüre. Nie würde ich das hinnehmen, und wenn es einer anderen Frau passiert, halte ich auch nicht den Mund. Wenn einer meint, ›Fräulein‹ sagen zu müssen, sage ich jedesmal: ›Sie möchten doch auch nicht als Herrlein angesprochen werden, oder?‹ Das hängt mit meinem allgemeinen Gerechtigkeitssinn zusammen. Frauenfreundschaften sind mir ungeheuer wichtig. Das ist etwas Dauerhaftes in meinem Leben, das ich pflege. Auf wie viele Heiraten habe ich Kinder, Krisen, Trennungen, Scheidungen, neue Männer folgen sehen und war irgendwie bei allem dabei. Als Trauzeugin, Patentante, und Hand in Hand bei Krankheit, Angst oder wenn eine Wohnungseinrichtung aufgeteilt werden mußte ... Aber eine richtige Feministin? Ich wollte halt immer Sex. Ich schrei' so laut, daß die Männer mir den Mund zuhalten.

Was ich mir für die Zukunft wünsche, mir vorstelle? Sex bis ins hohe Alter. Ich bin immer gleich mit einem Mann, der mir gefiel, ins Bett gegangen. Wenn schon was, dann alles. Wenn's nicht mehr ging, war es auch nicht so schlimm. Sex ist doch einfach unheimlich schön. Ich denke schon, daß es für

Frauen schwieriger wird, Männer fürs Bett zu finden, wenn sie älter werden.«

Sie macht eine winzige Pause. Wohin schaut sie? Und was sieht sie vor sich in diesem Augenblick? Ehe ich fragen kann, sagt sie: »Ich hoffe einfach, daß es trotzdem geht. Daß es immer geht. Manchmal bin ich am Morgen so scharf, daß ich mir ganz fest vornehme, am Abend reiß' ich einen auf, aber bis zum Abend geht's dann wieder. Nach einer Weile ist das vorbei. Und hier und da schauen ja auch die alten Liebhaber vorbei. Die essen alle gern bei mir. Wenn ich viel Aufwand mit dem Kochen treibe, müssen sie natürlich mithelfen oder am Morgen wenigstens abwaschen. Also, etwas können sie ja auch tun.

Als Bernd ständig bei mir aß und ich seine Wäsche für ihn machte, fand ich schon, er könnte dafür staubsaugen und mal den Einkauf bezahlen. Ich muß mein Geld schließlich auch verdienen. Ich hab' immer noch ein Bild von ihm bei mir, als Pfand hab' ich das behalten, als es aus war zwischen uns, bis er seine Schulden an mich zurückbezahlt. Ich hab' immer gesagt, ich leih' dir gern was, aber du mußt es auch zurückbezahlen. Wenn er nicht zahlt, verkauf ich das Bild, ziehe die Schulden von dem Betrag für mich ab, und den Rest kriegt er.

Ich muß immer aufpassen, daß ich fürs Bett nicht zu viele Kompromisse mache, mich ausnützen lasse.« Sie zögert. »Da werde ich leicht abhängig. Und selber kann ich mich nicht befriedigen, ich bring' das einfach nicht fertig. Es muß ein richtiger Mann da sein, also ganz real, nicht nur in der Phantasie, sonst geht's nicht. Ich krieg' keinen Orgasmus ohne Mann.

Später mal eine lesbische Beziehung? Das Problem bleibt doch immer dasselbe. So eine Frau, die wär' doch enttäuscht, wenn ich sagen muß: Das war schön. – Aber jetzt bin ich so scharf auf einen Mann, daß nur ein Mann hilft. Das wär' doch kränkend für sie.

Eigentlich möchte ich Männer bewundern wie ich meine Freundinnen bewundere – und doch gleichberechtigt sein und auf der gleichen Ebene stehen. Aber irgendwie geht das nicht. Ich weiß auch nicht ...

Das wäre schon eine schöne Vorstellung: Noch einmal jemanden finden, wo es klar wäre, wir gehören zusammen, und mit dem es im Bett auch gut wäre. Zusammen wohnen?« Sie guckt selbstkritisch. »Da müßte die Wohnung schon sehr groß sein, daß er auch ein bißchen Platz hätte ...

Jetzt, mit dem Oliver, ist es eigentlich auch klar, nur leider andersherum. Da ist es klar, daß er mich mal verläßt. Das sagt er und macht es auch alle paar Wochen. Ich hör' schon gar nicht mehr richtig hin, gehe gar nicht drauf ein. Er kommt dann schon wieder und sagt: ›Es ist einfach dein Körper.‹ Also ausgerechnet. Denn er hat nun wirklich einen schönen Körper, und das weiß er auch. Er sagt, er will sich richtig verlieben in eine Frau. Die in seinem Alter ist, so Mitte zwanzig. Und das weiß ich ja. Jetzt wollte er mich wieder verlassen, da hab' ich gesagt: ›Jetzt bin ich ja erst mal ein paar Wochen weg, da hast du Ruhe, und wenn ich wieder da bin, sehen wir weiter.‹ – ›Du hast einen derart starken Willen‹, sagte er, ›so was entmutigt, da bin ich einfach zu schwach für das, was ich will.‹ Das stimmt schon, mit dem Willen.« Eigentlich schaut sie mich nicht fragend an, als sie sagt: »Ich bin doch nicht schuld, wenn die was machen, was sie gar nicht wollen? Ich zwinge doch niemanden, oder?

Mein Vorbild war früher immer die ›rote Zora‹. Das wollte ich, eine Bande anführen, mit lauter Jungen. Und natürlich Brigitte Bardot mit dem Schmollmund, die war mein Idol. Und dann waren wir mal in Südfrankreich in den Ferien. Da saß eine rothaarige Frau ganz allein an einem Tisch und aß mit rotlackierten Nägeln Meeresfrüchte. Ganz ruhig biß sie die Köpfe und die Schwänze von den Crevetten ab und lutschte die Schalen aus. Da dachte ich: ›So möchte ich werden.‹«

Jetzt ist sie vierzig, und sie findet es schön, noch so viele Jahre vor sich zu haben. »Aber«, fügt sie hinzu, »wissen möchte ich nicht, was kommt, da denk' ich nicht drüber nach ...«

Aber da fehlt noch ein Stück Vergangenheit, denn vor dem Warenhaus war Florence Concierge in einem »Grand Hotel« im Tessin gewesen, mit neun Stunden Arbeit mindestens täglich und sehr vornehmem Publikum. Das Tessin gefiel ihr und das Italienische auch, und nach der Arbeit konnte sie machen, was sie wollte. Heim nach Offenburg, das hatte sie nach ihrem Au-pair-Jahr in London nun schon gar nicht mehr wollen. London in den Sechzigern, das waren Minirökke, und wie, und den Sohn des Hauses nebenan, eines guten Hauses, führte sie in die Liebe ein. Englisch lernte sie im Handumdrehn. »Ja, London, das war die Welt; Männer, Mode, Musik. Nach Hause, das ging danach nicht mehr.«

In Offenburg hatte sie die kaufmännische Lehre gemacht, mit guten Noten, versteht sich, denn sie war nicht nur sprachbegabt, sondern auch im Rechnen gut. In dem Sanitärgeschäft, in dem sie die Lehre machte, war es ihr allerdings zu langweilig. Schon besser war's bei Herrn Niffeler, zu dem sie kurzerhand wechselte, weil sie schon damals wußte, was sie wollte. Herr Niffeler war zweiundachtzig, Besitzer eines Elektrogeschäftes und sehr reich. Er suchte eine Sekretärin. Geizig war er, und Florence bekam er für einen Lehrlingslohn. Ihr war es recht. Sie schmiß den ganzen Laden, nur manchmal, wenn Herr Niffeler garstig zu ihr gewesen war, ging sie in den Keller und weinte ein bißchen.

Aufgewachsen ist sie aber eigentlich in der Nähe von Freiburg, in einem kleinen Häuschen am Waldrand. Sie war das langersehnte Kind, und ihre Kindheit war so geborgen und freundlich, sagt sie, wie das Häuschen, in dem die Familie wohnte. Ihr Vater, eigentlich Konditor, arbeitete für eine Partei. Für soziale Gerechtigkeit wollte er sich einsetzen, und seine Frau, die wollte so einen Mann und arbeitete klaglos mit, weil an der Gerechtigkeit nicht viel zu verdienen war. Das Häuschen war geerbt, aber drinnen lebte man zunächst am Rande der Armut. Dann begann der Vater nebenher Spielkarten und Kleinwerkzeug zu vertreiben, schließlich hatten sie sogar ein Auto.

»Meine Familie – das sind einfach schöne Erinnerungen. Und mit achtzehn war das für mich ganz klar: So sollte auch meine Familie einmal sein. Ein Mann, zwei Kinder und ein Häuschen. Bis ich merkte, daß ich nicht wie meine Mutter war, daß ich nicht zu allem ›Ja‹ sagen konnte und deshalb auch nicht leben konnte wie sie. Nur was meinen Traum von dem möglichen Vater eines Kindes angeht, der ist so geblieben, so konservativ und traditionell. Und lieber wollte ich keine Familie haben, als eine, in der es weniger schön und harmonisch zugeht, als bei uns daheim. Aber das kann man vielleicht nicht wiederholen, und ich hatte Angst, das so schön nicht hinzukriegen. Ja, vielleicht ist es das auch, daß ich Angst hatte.«

Florence und ich, wir brechen langsam auf. Es ist spät. Als ich mich mit ihr für das Gespräch verabredet habe, hat sie gefragt, wie lange wir wohl zu reden hätten, denn um Mitternacht erwartet sie noch Besuch.

Vielleicht gibt es zwei Florences, eine Florence für Frauen und eine für Männer. Eigentlich möchte ich mal ein Mann sein, um zu sehen, wie die Männer-Florence ist. Und wo ist sie denn daheim?

In ihrem Schlafzimmer, unter den Federboas, die dekorativ über der leicht geöffneten Spiegelschranktür des Großmutterschranks hängen, zwischen den Fächern, den alten Glasvitrinen voll eigener und fremder Erinnerungen, den Schmuckpolstern, schön gemusterten Kissen und Marmorfrüchten? In ihrem Eßzimmer, wo Palmen und riesige Philodendren sich in Spiegeln verdoppeln, so daß der Besucher sich gleichzeitig an einer kerzenerleuchteten Tafel und im Urwald betrachten kann?

Oder in der Küche, wo die Kornmühle für das frische Müesli sorgt, die Sojabohnenkeimlinge sprießen und Vollkornteigwaren durch die Teigmaschine gedreht werden? Es gibt aber noch ein drittes Zimmer, wo allerlei Abgestelltes und selten Gebrauchtes zu Hause ist und die viele Wolle zum Stricken. Die ist weich und mollig im Korb, und vielleicht ist die Katze Emily deshalb so gern dort, an diesem namenlosen Ort, an dem die Ordnung aufgehoben ist.

Und wo hängt Florence ihren Gedanken nach, wenn mal kein Besuch im Schlafzimmer Champagner trinkt, im Eßzimmer Fotos anschaut, dieses Leben auf Polaroid –, oder in der Küche beim Salatwaschen hilft? Spiegel hängen überall; welche Fragen sollen sie beantworten, und welche Florence schaut Florence daraus an? Tagbilder. Nachtbilder. Traumbilder. In der Nacht träumt Florence ihre Träume. Farbig und voll unerschöpflicher Phantasie, witzig und tiefsinnig, exotisch und ahnungsvoll, beziehungsreich und grotesk. Keine Nacht ohne eine andere, wunderbar merkwürdige Welt. Die wiegt gleich schwer wie die Tagwelt und ist für Florence selbst ein Geheimnis. Wahrscheinlich gibt es nicht nur die Männer-Florence und die Frauen-Florence, sondern auch noch eine Tag- und eine Traum-Florence. Manchmal, wenn sie grad gar nichts vor hat und mit sich allein ist, denkt sie: »Du lieber Gott, wie soll das werden? – Das ist abends, und am Morgen geht's mir wieder besser.«

Schwester Thomas
Lehrerin, ledig

»Man bleibt auch im Kloster, die man ist« oder: »Bergführerin, das wär' auch was für mich gewesen«

Sie unterrichtet alles außer Religion und Handarbeit, und eine eigentliche Nonne ist sie nicht; so heißen nur die Schwestern, die das Kloster nicht verlassen. Sie ist mit dem Fahrrad zum Bahnhof gekommen, um mich abzuholen. Der Herbsthimmel über der kleinen Bahnstation ist blau, die Äpfel sind reif, daß sich die Zweige biegen, und ich fühle mich, als ob ich in die Ferien gefahren wäre. Schwester Thomas erzählt etwas über das Dorf; sie lebt nun schon einige Jahre hier, und da ist die Schule, an der zwei ihrer Mitschwestern und sie neben den »Normallehrern« unterrichten. Dort drüben wohnen sie, in dem neuen Wohnblock. Weil sie nur fünf Schwestern sind, hat der Orden sie hier eingemietet, und nun bewohnen sie zwei Wohnungen in einem Haus mit mehreren Familien. Schwester Thomas schließt die Wohnungstür auf und zieht Pantöffelchen an, aber der Schleier gehört auch drinnen zu dem unauffälligen grauen Rock und dem schwarz-weiß-gestreiften Pullover.

Hatte ich eine Frau im langen Ordenskleid erwartet? »Manche Schwestern in unserem Orden tragen das Ordenskleid ohne Schleier, aber das sieht nicht so schön aus, finde ich, und einige gehen ganz in Zivil. Wenn man einen klassischen Geschmack hat, gut. Ich wär' aber eher der Jeanstyp, und das wär' dann doch daneben, also geh' ich so, und wenn der Schleier drüber fällt, kommt es nicht so drauf an, daß der Pullover nicht die neueste Mode ist.«

Weil das Wetter schön ist, können wir draußen auf dem Balkon sitzen. »Mögen Sie Rosmarin?« fragt Schwester Thomas und zeigt auf einen kräftigen Busch. »Streichen Sie mal mit den Fingern drüber, das duftet wunderbar«, und ihre Augen blinken braun unter der Sonnenbrille.

»Drei von uns arbeiten an der Schule, und zwei Schwestern machen den Haushalt. Leider schließen nach und nach die kleinen Läden im Dorf, das ist schade. Da bleibt nur der Supermarkt. Milch bringt uns jeden Tag ein Junge, der verdient sich gern ein kleines Taschengeld. Kochen tun wir abwechselnd, immer jede einen Monat, und den großen Hausputz machen wir zusammen.«

Ins Kloster wollte Schwester Thomas schon als kleines Mädchen. »Mit sieben, als ich in der zweiten Klasse war, hab' ich eine Flasche Bier gewettet, daß ich mal ins Kloster geh'. Ich hatte keine Ahnung, was ein Kloster ist, und Bier, das kannte ich ja eigentlich auch nicht, und das habe ich auch später nie gemocht ... Aber das Kloster, das blieb eine meiner Vorstellungen, und das andere war: eine Bäuerin werden und sechs Kinder kriegen. Wir waren zu Hause fünf, ich war die Älteste, also zuerst waren wir vier. Als ich meinen Eltern sagte, ich wolle Lehrerin werden und ins Kloster eintreten – da war ich ungefähr achtzehn – bekamen sie noch einen Nachzügler. Als Ersatz für mich, meinten sie. Meine Eltern waren sehr tolerant und wollten immer, daß wir werden sollten, was uns am Herzen lag. Mein Vater war Bäcker, meine Mutter Verkäuferin, und eigentlich wären sie beide gerne Erzieher geworden, deshalb konnten sie mich auch gut verstehen. Als mein Vater eine eigene Bäckerei übernahm und eines Tages einen großen, teuren Ofen anschaffen wollte, fragte er meinen Bruder, ob er die Bäckerei wohl später übernehmen würde, denn wegen dieser Anschaffung, die sich nur auf Zukunft lohne, würden sich alle lange einschränken müssen. Mein Bruder sagte ›Ja‹. Und als er dann später, angesteckt von mir, auch Lehrer werden wollte, sagte mein Vater

nur, jedes Kind müsse den Beruf wählen, der zu ihm passe.
Meine Eltern stellten nur die eine Bedingung, daß ich vor
Eintritt in den Orden meine Ausbildung fertig machte, und
das tat ich. Ich arbeitete auch eine Weile im Beruf, ehe ich
Novizin wurde.

Der Orden, dem ich beitrat, wurde im letzten Jahrhundert
gegründet und stand den sozialreformerischen Bestrebun-
gen der damaligen Zeit sehr nahe. Die Ordensgründerin
wollte ermöglichen, daß auch die Mädchen eine Volksschule
und weiterführende Schulen besuchen konnten, und die
Frauen heute wissen gar nicht mehr, wieviel sie ihr zu ver-
danken haben.

Wir sind eine sogenannte »tätige Congregation«, und im
Orden gibt es drei Tätigkeitsbereiche: Unterricht, Kran-
kenpflege und soziale Berufe. Die »ewigen Gelübde«, die
Profeß, legt man erst nach sechs Jahren ab, und da man erst
mit zwanzig in den Orden eintreten darf, hat man reichlich
Zeit, darüber nachzudenken, ob man dieses Leben auch
wirklich führen möchte. Wenn man sich nach sechs Jahren
immer noch unsicher ist, kann man noch einmal drei Jahre
bis zur endgültigen Profeß warten. Ich selber war immer sehr
kritisch, wie meine Eltern. Ich bin ein intellektueller, ein
zweifelnder Mensch, und vielleicht bin ich weniger fromm als
viele Christen außerhalb. Vieles ist einfacher, wenn man
glauben kann. Mein fester Glaubensschatz ist klein.« Sie zeigt
es mit den Händen und nähert den Daumen dem Zeige-
finger auf Fingerbreite. »Alles andere muß ich mir immer
wieder erwerben. Ich hab' mir im Noviziat gedacht, wenn sie
mich fragen, ob ich das und das und das glaube, dann muß
ich ›Nein‹ sagen, und dann kann ich nicht die Profeß able-
gen. Wenn sie mich nicht fragen, dann soll es so sein – und sie
haben mich nicht gefragt.

Obwohl ich mit dem Glauben oft Schwierigkeiten habe,
fühle ich mich im Orden an meinem richtigen Platz. Und die
Mitschwestern kennen mich ja auch und haben doch ihre Zu-

stimmung gegeben. – Bei der Profeß wählt man sich den Schwester-Namen, und die meisten Schwestern behalten ihren Taufnamen bei. In seiner richtigen Form gefällt mir mein Name schon, aber meistens wird der hier in der Gegend abgekürzt, und dann, finde ich, klingt er schrecklich. So wollte ich nicht heißen. Da hab' ich mir den Namen ›Thomas‹ ausgesucht, den ungläubigen Apostel Thomas. Einen Frauennamen, der für mich dasselbe ausgesagt hätte wie ›Thomas‹, habe ich nicht gefunden. Und es hat mir keine Mühe gemacht, einen Männernamen anzunehmen. Sie haben es mir erlaubt, aber schon gesagt, ich müsse mir das gut überlegen, daß ich dann auch mindestens zehn Jahre dabei bleibe, sonst gäbe es so viel Schreibereien mit der Namensänderung.

Vielleicht habe ich auch viele sogenannte ›männliche‹ Züge, in verschiedener Hinsicht. Im analytischen Denken zum Beispiel; mit der Ganzheit hab' ich's nicht so. Ich gehe leidenschaftlich gern in die Berge, und wenn ich nicht ins Kloster gegangen wäre – Bergführerin, das wäre ich gern geworden. Das Wagnis, das Obendrüberstehen, die Anstrengung, die Zähigkeit, die man braucht, das gefällt mir. Man muß nicht in erster Linie stark sein; Ausdauer muß man haben und wendig sein, und mein Körper war immer sehr wendig, der hat sich dem Berg angepaßt, den Bedingungen des Berges. Bergsteigen, das ist für mich eine innere und äußere Reinigung. Und die Berge sind so mächtig, so still. Eigentlich kann man sie ja nicht bezwingen, aber wenn man oben ist, hat man doch etwas vollbracht. Und daneben die wunderbaren kleinen Bergblumen neben der Riesigkeit der Felsen ... Ich komme vom Land, und die Natur ist sehr wichtig für mich.

Einmal hing ich am Seil, und unter mir war wirklich der Abgrund, und die Situation war gefährlich. Hinterher fragte mich der Bergführer, ob ich nicht eine Riesenangst gehabt hätte. Aber ich hatte kein bißchen Angst. Das Risiko, das Wagnis, das war viel faszinierender: ob wir es schaffen würden. Ich dachte, entweder wir schaffen es, oder wir fallen runter. Das ist so meine Lebenseinstellung. Mal probieren, ob's geht. Das Nicht-Angsthaben hat nichts mit dem Glauben zu tun, daß ich mich etwa in Gott aufgehoben fühlen würde. Dieses Gefühl ist schon manchmal da, aber dann geht es auch wieder weg. Ich habe Existenzängste und überhaupt Ängste wie jeder andere Mensch auch.

Auch die großen Gestalten in der Bibel haben diese Angst. Da hilft auch der Glauben nicht drüber hinweg. Ich weiß nicht, vielleicht gibt es auch Schwestern, bei denen das anders ist.

Ich habe am ehesten Angst vor Menschen. Menschen können Macht über Menschen haben und sie ausüben, das macht mir angst. Wenn ich etwas ausführen muß, einen Auftrag des Ordens, den ich nicht rational nachvollziehen kann, wo ich einfach gehorchen muß, dann bekomme ich Angst. Aber dann sage ich mir: Du hast es dir so ausgesucht, du hast dich aus Überzeugung und freien Stücken dazu entschieden, und dann mache ich es halt. Aber ich spüre schon, daß ich mich leicht zurückziehe, wenn ich vor einem Menschen Angst habe.

Das gehört ja zu unserem Gelübde: in Gemeinschaft leben. Das ist mir auch sehr wichtig. Ich finde zum Beispiel, daß es keine Gemeinschaft mehr ist, im eigentlichen Sinne des Gelübdes, wenn nur zwei Schwestern zusammenwohnen. Das gibt es auch, weil wir immer weniger Nachwuchs haben. Aber das ist für mich eher Zweisamkeit als Gemeinschaft. Manchmal wird auch von der ›Klosterfamilie‹ gesprochen. Aber das scheint mir auch nicht richtig. Es gibt ja da nicht Vater, Mutter, Kinder. Wir sind doch alle erwachsen.

Auf der anderen Seite sucht man sich seine Mitschwestern ja nicht aus. Das heißt, das Leben in Gemeinschaft ist auch eine große Herausforderung. Und das kann sehr schwierig sein. Denn auch im Kloster bleibt man die, die man ist ...

Ich wäre glücklich, wenn ich hier bleiben dürfte, und wenn die Schwester, die für uns fünf als Oberin die Leitung hat, noch lange bliebe. Sie ist großherzig und weitsichtig. Und ich finde, wenn schon nur noch so wenige junge Frauen zu uns kommen, dann sollten die Schwestern da leben können, wo sie sich auch wohlfühlen.

Das ist doch merkwürdig, daß eher die strengen Orden neuen Zulauf haben als ›säkularisierte‹ Orden wie unserer. Vielleicht schaffen die Menschen es nicht, mit der Freiheit zu leben? Vielleicht ist es mit der Freiheit zu schwer? Für mich wäre ein so strenger Orden nichts, ich werde immer kritisch sein und Freiheit brauchen. Aber manchmal frage ich mich, ob sich unser Orden zu sehr angepaßt hat. Ich bin fast die Jüngste, und ich bin vierzig, dann kommen noch zwei, drei, und dann ist Schluß. Das ist auch ein merkwürdiges Gefühl.

Wie das dann später einmal sein wird, wenn ich alt bin, weiß ich nicht. Ob sich dann der Orden noch halten kann? Aber was morgen kommt, wird man dann sehen, sage ich mir, wie es schon in der Bibel steht. An sich gibt es für uns die Ängste vor Armut und Einsamkeit im Alter ja nicht. Im Normalfall werden wir mit zweiundsechzig pensioniert, aber wenn wir möchten und gesundheitlich können, dürfen wir an unserer Stelle bleiben; dieses Loch, in das man fällt, wenn man plötzlich aufhört zu arbeiten, das gibt es bei uns nicht. Und durch die Gemeinschaft ist ja auch der Einsamkeit, zumindest äußerlich, vorgebaut.

Im Mutterhaus gibt es, wenn man dorthin zurückkehrt, ein Haus für die Schwestern, die noch gesund oder einigermaßen gesund sind, und ein Haus für die chronisch Kranken, und finanziell ist man gesichert durch die Pension. Manchmal, wenn ich im Mutterhaus bin, bin ich erschüttert, wenn ich sehe, wie viele kranke, alte Schwestern es gibt. Man könnte ja meinen, daß die Schwestern bei der gesunden Lebensweise weniger krank werden. Einige ja, die werden steinalt, 90, 95, also, die sterben gar nicht, aber sonst haben die Schwestern alle Krankheiten, die andere Menschen auch haben. Aber wenn man so an das Alter denkt, da kann man doch zunächst einmal ein ruhiges, zuversichtliches Gefühl haben.

Natürlich heißt das nicht, daß man nicht auch einsam sein kann in Gemeinschaft. Das bin ich jetzt schon. Nicht immer natürlich, aber manchmal. Ich hab' ja schon gesagt, ich bin ein bißchen am Rand mit meinen Meinungen und Vorstellungen und muß aufpassen, daß ich nicht zu viele Schritte zu weit daneben mache. Wenn ich mich einsam fühle, dann ist das zwar nicht gerade angenehm, aber im Nachhinein denke ich, das sind die Zeiten, wo mir etwas klar wird, wo sich innerlich was Wichtiges abspielt. Und ich weiß, es kann sein – weil man sich im Alter ja eher versteift in dem, wie man ist –, daß ich im Alter innerlich einsamer werde. Denn Freundschaften, die werden einem geschenkt, die darf man erleben: sich von jemandem im Innersten verstanden fühlen. Zur Schwesterlichkeit bin ich verpflichtet, eine Freundschaft wird frei von zwei Menschen geschlossen. Freundschaft, finde ich, ist mehr. Es gibt Freundschaften unter Mitschwestern, und es gibt Freundschaften außerhalb, das hängt eben dann von den Menschen ab.

Ich war fünf Jahre in Afrika, und die Menschen dort haben mir viel bedeutet. Das war schon ganz lange mein Wunsch gewesen, nach Afrika zu gehen. Und das haben sie mir erlaubt. Erst war ich ein Jahr in England, um Englisch zu lernen, dann bin ich als Lehrerin in ein ›Homeland‹ nach Südafrika gegangen.

Entwicklungshilfe, das ist für mich nicht eine einseitige Sache, einfach so Geld hinhalten; Entwicklungshilfe ist beidseitig. Wir bekommen von diesen Menschen genausoviel, wie wir ihnen geben, in vielen, ganz elementaren, ganz existentiellen Dingen sind sie uns weit voraus, sind wir die Lernenden. Menschen, die sich für was Besseres halten, mit denen komme ich nicht ins Gespräch, mit den anderen habe ich ganz leicht Kontakt. Ich bin spontan und gehe leicht auf Menschen zu und sie auf mich. Die Schwarzen haben mir viel erzählt von ihrem Leben, von ihren Sitten, was sie anderen Weißen nicht erzählt haben. Von der sexuellen Erziehung zum Beispiel.«

Sie lacht, und jetzt, wo wir beim Thema Afrika sind, reden ihre kleinen Hände noch mehr mit als vorher, sind immer in Bewegung und haben etwas aufgenommen von den tänzerischen Bewegungen der Afrikaner. »Das Körpergefühl, das wir so an den Afrikanern bewundern, ist aber nicht einfach so angeboren, wenigstens nicht ganz, das wird auch gelernt. Sobald die kleinen Mädchen laufen können, müssen sie den schönen, aufrechten, schwingenden Gang lernen, indem sie immer etwas auf dem Kopf balancieren müssen, Blechdosen zuerst ...« Sie lächelt und scheint sich ein wenig mitzuwiegen.

»Die Jungen lernen das nicht. Aber die laufen auch sehr schön. Wir haben viel zusammen gesungen, das durfte ich ... Ja ... die Musik, und dann tanzen sie.

Was die Frauen, die Mütter dort geleistet haben für ihre Kinder, ihre Familien, in diesen schwierigen Verhältnissen – ich habe diese Frauen bewundert. In diesen Jahren bin ich viel weiblicher geworden. Mit zunehmendem Alter werd' ich, glaub' ich, weiblicher.

Früher hab' ich diesen übertriebenen Marienkult immer abgelehnt, aber jetzt ist mir die Maria sympathischer geworden. Von den Dreien, Gott, Jesus Christus und Maria, ist Jesus für mich am wichtigsten, sein Leben, das, was er getan hat. Das war für mich schon immer eine ungeheure Anforderung, die da im Neuen Testament stand; ein paar Jahre lang konnte ich fast nicht drin lesen, so drückte mich diese Aufgabe, diese Forderung. Gott ist Gott, da mach' ich mir nicht so große Gedanken drum, also diese Frage, ob Gott ein Mann oder eine Frau ist, die ist für mich irrelevant. Er ist kein Mann mit Bart, er ist Geist, *pneuma,* und ist auch sehr mütterlich für mich, darin ist alles enthalten.

Ich lese schon die Bücher der feministischen Theologinnen, soweit die Fragestellung mich interessiert, aber die ei-

gentlich feministische Literatur, die interessiert mich zu wenig. Das ist für mich irgendwie keine Frage. Warum machen
die Frauen etwas – in der Beziehung, für die Männer –, was
sie eigentlich nicht wollen? Ich hab' mich nie in diese Rolle
begeben, von mir verlangt ja auch keiner, daß ich Kaffee koche und solche Sachen. Ich setze da klare Zeichen, ich komme
nicht in die Situation, daß Männer Dienstleistungen dieser
Art von mir erwarten.

In der Schule hieß es, als ich die sechste Klasse übernahm,
das schafft eine Frau nicht, das hat noch nie eine Lehrerin geschafft, Disziplin in diese Horde zu bringen; das kann nur ein
Mann. Ich hatte überhaupt keine Probleme, und seitdem
weiß das Dorf, daß eine Frau sowas kann. Sonst sage ich mir
im Umgang mit Männern: Wer nicht will, hat schon. Aber eigentlich habe ich keine Probleme mit meinen männlichen
Kollegen. Gut, ich erlebe natürlich nicht diese engen Beziehungen, und da mag schon manches nicht stimmen. Wie unsere Oberin hier, sie ist achtundsiebzig, so schön sagt: ›Hose
hilft Hose‹.

Unter Selbstverwirklichung verstehe ich etwas anderes als
die Feministinnen. Selbstverwirklichung erlebe ich in der
Hingabe an Gott und andere Menschen, und deshalb hat
Selbstverwirklichung – anders, als Sie in Ihrer Einleitung
schreiben – doch auch mit Glück zu tun: Das ist das, was von
den anderen zurückfließt zu mir. Das macht mich glücklich.
In der Hingabe und dem, was ich von anderen daraus emp-
fange, erlebe ich Selbstverwirklichung.

Wenn ich es gesundheitlich gekonnt hätte, wäre ich gerne
in Afrika geblieben. Für immer. Dort weiß man, sieht man,
was die wesentlichen Dinge im Leben sind. Dort können sich
die Menschen nichts Materielles schenken – sie haben nichts;
sie können sich nur Liebe schenken, Wärme, Berührung,
Körperkontakt, und damit schenken sie sich das Wichtigste
auf der Welt. Und andererseits, wenn man die Cholera, die
Tuberkulose erlebt hat, das Sterben, wird es ganz leicht, auf

die schönen Kleider und solche Dinge zu verzichten. Ich bin ja auch ein Mensch, ich denke auch manchmal, ich möchte in einen Laden gehen und schöne Kleider anprobieren und mir was Farbiges kaufen, das sind so Anfälle, und ich seh' doch, wieviel Geld die Frauen in ihre Frisuren, in ihre Haare stekken. Ich hab' ja auch eine Frisur, halt kurz und einfach. Das steckt nicht alles unter dem Schleier. Jedenfalls, wenn ich an Afrika denke, ist das alles nicht mehr so wichtig, werden die Dimensionen wieder zurechtgerückt.

Aber ich konnte nicht bleiben, weil ich eine Allergie bekam. Das fing schon im ersten Jahr mit Schnupfen an und wurde mit jedem Jahr schlimmer« – sie streicht mit den Händen über ihren Bauch – »schließlich bekam ich ganz schmerzhafte Hautausschläge auf dem Bauch, und alles war geschwollen, und die Antiallergene habe ich nicht vertragen. Wie spastisch hat sich der Körper zusammengezogen, da schickte mich der Arzt nach Hause.«

Wir sehen vom Balkon hinunter auf den Kinderspielplatz. Ob sie manchmal traurig ist, daß sie keine Kinder hat? »Ja, natürlich. Obwohl bei mir dieses Gefühl eher so mit dreißig immer wieder mal hochkam. Ja, eher früher. Jetzt, wo ich im Haus mit mehreren Familien wohne, sehe ich auch, wie schwierig und mühsam es ist, Mutter zu sein, da bin ich manchmal auch froh, daß ich mich zurückziehen kann, wann ich will, und nachts nicht raus muß, wenn die Kinder krank sind. Jetzt ist es mir nicht mehr so wichtig. Und ich kann eine Menge Mütterlichkeit in der Schule – loswerden, könnte man sagen. Da hab' ich ja genügend Kinder um mich, und vielleicht mache ich mir mehr Gedanken um die einzelnen, als es eine Lehrerin kann, die heimgeht und dort auch noch ihre eigene Familie hat. Ich sehe das in der Schule, wie sehr die Kinder das brauchen, vor allem die Jungen, so rauh sie auftreten mögen: daß man ihnen mal die Hand auf die Schulter legt. Gerade bei den Jungen. So eine Berührung kann Wunder wirken, auf einmal können sie auch wieder lernen und aufpassen.

Was das für mich heißt, eine Frau zu sein? Das habe ich mich noch nicht gefragt. Fragen stellt man sich doch erst, wenn man mit etwas Schwierigkeiten hat. Oder nicht?«

Schwester Thomas geht hinein und macht uns einen Kaffee mit der neuen Kaffeemaschine und sagt: »Den nehmen wir aber drinnen« und stellt noch ein paar Plätzchen dazu.

Dann müssen wir uns beeilen, daß wir noch rechtzeitig zum Bahnhof kommen. Auf dem schmalen Feldweg geht sie voraus. Sehr klein ist sie und zierlich, und ihr Schritt ist ganz entschieden. Deltasegler schweben am Himmel, und das, denke ich, könnte ihr vielleicht auch Spaß machen, so in der Stille zu schweben, nur die Luft zu spüren, und Risiko ist auch dabei.

Sibylle

Illustratorin und Malerin, ledig

»Zum Kinderhaben bin ich zu mütterlich« oder: «Es geht nur ohne Selbstbehauptung«

In Sibylles Küche. Wenn ich sie malen müßte, dann hier. Wo die Zwiebelchen und Knoblauchknollen neben Thymian, Petersilie und Lauch auch mal grüne Sprossen treiben in den Körben, die von der Decke hängen. Wie kleine, hängende Gärten baumeln die über dem gewaltigen Kochherd von 1890 oder 1910, auf dem sich Estragon und Majoran, Salbei und Rosmarin, Essig- und Ölflaschen (dicke, dünne, große und kleine) drängeln. Es wird ihnen nicht mehr eingeheizt mit Kohle, Briketts oder Holz, und die Oberfläche, auf der sie stehen, wird nicht mehr mit Asche blitzblank gerieben: Sibylle kocht auf dem Gasherd nebendran. Aber wenn sie die Eisentöpfe, die Kasserolen und Emaillepfännchen aufsetzt, wirkt das ähnlich.

Bevor es soweit ist, ist der Schauplatz aber der große Holztisch in der Mitte des Raumes. Der ist vor langem mal dunkelblau gestrichen worden, und wenn der Besucher, der mit der Köchin am Holztisch sitzt, die ersten Gläser hinter sich hat, denkt er sich die goldenen Sterne dazu und fühlt sich wie im nächtlich strahlenden Himmel. Dort häutet Sibylle mit engelhafter Geduld die Champignons, damit sie zarter schmekken. Auch alles andere liegt bereit, Ingwerwurzel in hellem Braun, die Schalotten in Violett, Frühlingszwiebeln und Broccoli, der rote Radicchio und was noch alles: ein Stilleben, und Sibylle arrangiert dann die Bilder neu. Damit das Ganze nicht zu lieblich wird, schön auf dem Boden bleibt, wo sie selbst auch fest steht, wird das Huhn mit dem scharfen Metzgermesser umsichtig aber entschieden zerteilt, geklopft, gesalzen und gepfeffert. Das Licht der tiefgezogenen Lampe muß, finde ich, auf Sibylles straffen Mittelscheitel fallen, auf die endgültig wirkenden Haarnadeln, mit denen sie die schweren, schwarzen Haare ohne Firlefanz und in rechter Ordnung zusammenhält. Irgendwo, meint sie, muß es eine Ordnung im Leben geben, wenn das auch ungeheuer schwerfällt, im Haushalt zum Beispiel, mit diesem Waschen und Bügeln und Knöpfeannähen.

Die Familie besteht aus Michael, ihrem Freund, ihr selbst und Omar, dem kleinen Perserkater. Dann gibt es noch Angelika, die zur Untermiete in einem Zimmer in der alten Herrschaftswohnung wohnt, in der man sich verlaufen kann, so groß ist sie. »Nur gewaschen ham die sich früher net so viel«, sagt Sibylle, denn das Bad ist klein.

»Früher warn wir immer eine Wohngemeinschaft mit mehreren in der Wohnung, jetzt sind halt der Michael und ich zurückgeblieben, das gefällt uns ganz gut mit dem vielen Platz.«

Aber von Wohngemeinschaft ist immer noch was in der Wohnung drin, als hätte einer die Zeit, die Uhren angehalten nach 1968. Noch ein Stilleben.

Sibylle hat zwei Ateliers in der Wohnung, eins für die Brotarbeit, eins für die Ölbilder, und Michael hat ein Büro für seinen Computer. Michael ist Informatiker. An vielen Stellen der Wohnung sitzen Frösche aus Holz und Porzellan, die sammelt Sibylle, und man möchte sie gern hier und da quaken hören, weil sie so gut in das ganze hineinpassen.

»Der Omar ist unser Kind«, sagt Sibylle, »der kriegt auch ein Sonntagsei. Na schau, Mari, etwas ganz Feines. Könntest es dir ja wenigstens mal anschauen. Mit dem Mari leb' ich ganz gegen meine politischen Überzeugungen. Der ist ein Rassekater. Die kriegen adlige Namen und haben lange Stammbäume, und die Züchter sind wahrscheinlich alle verkappte Monarchisten. Omar ist nicht ganz geraten, die Nase ist nicht platt genug, darum war er auch billiger. Als ich ihn gesehen hab', hab' ich ihn gleich geliebt, da ham wir ihn halt gekauft, trotz des Adels.« Sie macht nur eine kurze Pause. »Also, wenn ich ein Kind hätte, dem wär' ich hilflos ausgeliefert, also dem Drang, es zu versorgen. Ich bin einfach zu mütterlich, um Kinder zu kriegen. Das wär' auch für die Kinder nicht vom Guten.

Schon bei den Untermieterinnen, wie jetzt mit der Angelika, besteht die Gefahr, diese Mutter-Tochter-Gefahr. Da muß ich furchtbar aufpassen, sonst lassen die alles an mir aus, ihre Probleme mit den Müttern.« Der Mari sitzt auf ihrem Schoß.

»Mit meiner eigenen Mutter, das war eine furchtbare Symbiose, eine ewige Trauer-Symbiose. Mein Vater ist 1945 durch eine Mine im Gefangenenlager umgekommen. Sie hat das nie überwunden. Ich komm' aus Regensburg. Malen wollte ich schon immer. Das hab' ich so vor mir gesehen als junges Mädchen, wie ein Schlaglicht, ohne nachzudenken, aber immer wieder: Ich, malend; die weise Alte, die zunehmend verstummt, ganz verstummt. Alles weiß, aber nix mehr sagt. Die so alt ist wie die Welt. Ehe- und Kinderphantasien hab' ich nie gehabt. Komisch.«

Sie sitzt aufrecht unter ihrem glatten Scheitel und dem geflochtenen Knoten, mit den Händen da, wo der weite, lange Rock eine Kuhle zwischen den Beinen macht.

»Diese Phantasie von mir selber ist eigentlich geblieben, nur vielleicht weniger pathetisch. Grad' weise ... ob ich das je werd'? Ich muß immer an so eine Erdmutter denken – nicht eine, die ständig gebiert, sondern eher ›Erde zu Erde‹. Nur noch schlafen ... Also, so will ich das natürlich nicht. Ich bin ja ein Augenmensch und schlafe gar nicht so gern. Nur, die Menschen, die sind für mich eine verfluchte Rasse. Daß sie mit dem Geschenk Erde nicht umgehen können! Daß sie nicht dankbar sein können, etwas bewahren, wie es ist! Also wenigstens seinlassen. Ich bin bitter und pessimistisch geworden und froh, daß ich kein Kind hab', sonst dürft' ich so nicht denken, dann müßt' ich an die Zukunft noch glauben.

Träume für die Zukunft?« In ihre dunkelbraunen Augen kommt man manchmal nicht hinein. »Wünsche? Schwer zu sagen, bei meiner düsteren Weltsicht. Ich rechne mit Katastrophen, Zerstörung, also ich seh' eigentlich wirklich alles bitter. Wünsche hab' ich schon. Daß alles noch eine Weile so bleibt, wie es ist, wenigstens. Ich bin ja ganz zufrieden mit dieser Mischung aus Auftragsarbeit und freier Malerei. Das befruchtet sich gegenseitig, und man kann überleben. Geld muß halt auch sein. Ich leih' dem Michael schon öfter Geld. Aber das schreib' ich auf. Dem Michael ist das auch recht. Geschenke sind was anderes.

Er arbeitet ja auch selbständig. Aber ich halt's schlechter aus ohne Geld und setz' dann mehr in Bewegung. Bloß nicht abhängig sein, das will ich schon nicht wegen meiner Mutter und der Symbiose. In meiner Familie waren sie alle einfache Leut', Handwerker, Bauern, Fahrende zum Teil, und im letzten Jahrhundert hätt' ich nur Dienstmagd werden können. Nein, ich möcht' nicht früher gelebt haben. Ich bin schon gern, was ich bin. Ja, und daß ich mich weiter mit dem Michael versteh', wünsch' ich mir, daß wir uns gegenseitig helfen können. Und etwas mehr Sicherheit mit dem Geld. Immer muß man sich um das nächste Geld sorgen. Nie kann man das Geld vergessen, es bleibt immer ein Problem. Deshalb könnt' ich das auch mit Kindern nicht. Da bin ich sehr vorsorgend. Ich muß immer alle versorgen. Auch eine gewisse Ordnung halten. Michael sagt, wenn er bös' ist auf mich, Hauptsache, du hast alles versorgt, dann setzt du dich auf deinen breiten Hintern. Ja, ein etwas regelmäßiger fließendes Geld, daß ich mehr für mich malen könnt'. Und mehr reisen können. Ich möcht' die Dinge in mich eindringen lassen, in Ruhe durch ein Land laufen. Die Welt noch eindringen lassen, jetzt, wo sie noch da ist. Ich hätt' auch gern mehr Zeit, um mich zu ›bilden‹. Bücher lesen, die ich schon lang da liegen hab'. Der ›Faust‹ hat mir jetzt so gut gefallen, im Theater. Und malen. Das ist klar.«

Das Atelier. Ihre Bibliothek im Atelier quillt über von Tier- und Pflanzenbüchern, -fotos und -magazinen. Auf dem Boden liegen etwa zwanzig Insekten- und Amphibienbücher. »Die brauch' ich für Illustrationen. Da mal' ich Gräser und Blätter, Steine und alles aus der Sicht kleiner Lebewesen. Da ist eine Fliege groß und eine Libelle ein Ungeheuer. Und das Wunder dieser Lebewesen, der Raupen und Bienen und Ameisen, wird erst so recht deutlich. Ich kann nur immer staunen über die Wunder, die Merkwürdigkeiten, die Ungeheuerlichkeiten, die man sieht, wenn man richtig guckt.«
Ich stehe vor ihren kleinformatigen Ölbildern und muß an Dürers »Rasenstück« denken. Nur machen mich diese Bilder trauriger.
»Ich mal' immer alles ganz genau, ich kann's sowieso nicht besser, als die Natur es gemacht hat. So ein Tier wie der Mari bringt mich immer ins Wanken. Das sind Wesen, mit denen ich mich nie werde verständigen können. So viel Mühe ich mir auch geb'.«
Ich bleibe vor einer Serie von Bildern stehen.
»Die Pilze sind halt sehr wichtig für mich, und die Pilzbilder. Da bring' ich noch einmal im Bild zusammen, was wir eigentlich schon verloren haben. Als ich damit anfing, war das noch nicht so, vor zehn Jahren. So schnell geht das. Dazu streu' ich noch ein paar Perlen. Ich zeig' noch einmal: So war es. Das halt' ich ganz genau fest.«
Wie mit angehaltenem Atem, denke ich, hält sie immer einen Augenblick fest, und weil das nicht geht, sind ihre Bilder immer Todesaugenblicke. Wesen, Dinge, im Augenblick ihres Todes. Sie malt der Welt als Testament eine Erinnerung an ihre Wunder. Die Welt als nature morte ...*

* Das französische Wort für Stilleben.

Spaziergang im Nymphenburger Schloßpark. »Eigentlich hab' ich den Winter recht gern.« Es graupelt in Nymphenburg, und der Wind bläst uns durch. Ihr schneller Schritt. »Nur jetzt, wo die Blumen schon draußen sind, und die Uhus schon geschlüpft sein sollen, jetzt darf es nimmer so kalt sein, das regt mich auf, da kommt die Bäuerin in mir durch.«

Ich denke an ihre Kleider, die etwas bayerisch Standfestes haben, ohne eine Tracht zu sein. Ob sie eine Grüne ist? »Ich hab's nicht mit den ›Bewegungen‹. Irgendwie bin ich schon religiös, aber aus der Kirche bin ich schon lang' ausgetreten. Eine andere Kirche kommt auch gar nicht in Frage. Die Sekten lassen mich auch kalt. Dafür bin ich zu bodenständig. Ich mache Yoga, weil mich das entspannt, und halte meine jährliche Fastenzeit ein, weil das ein Ruhepunkt ist. Weil ich mir schon immer selbst so viel auflad', bis ich nicht mehr kann und ganz unruhig und flatterig werd'.

Ich bin auch keine Körnerfresserin, gar nicht, aber das Fleisch will mir nicht mehr so recht schmecken. Die Wurst kauf' ich beim Bio-Metzger, obwohl seine Kunst noch Lücken hat. Schmeckt alles ein bisserl fad, und die Farb' ist auch nicht so schön. Aber beim Brot war das am Anfang ja auch so, und dann ham's was dazugelernt. Man muß halt auch ein bißchen Geduld und Nachsicht haben.

Am Anfang, als ich noch auf der Kunstakademie war, hatte ich schon ›bewegte‹ Zeiten. Mit Flugblättern und Versammlungen und diesen ewigen politischen Diskussionen. Das war schon recht und mußte sein. Mit diesen feministischen Kampfmäusen hatte ich's schwerer, schon immer. Nichts gegen die Gleichberechtigung, man muß auch was dafür tun. Aber die Yuppies, die sind für mich die Monster der Emanzipation. Ich hab' einen Horror vor den Selbstbehauptern. Ich behaupte mich *gegen* dich, um was anderes geht's da doch nicht; immer die alte Kriegsmentalität, immer dieses Ich. Ich seh' das doch an der Angelika, die bei uns wohnt. Das ist so diese neue, narzißtische Welt. Sie verlieben sich, dann schmücken sie sich raus und zeigen sich gegenseitig ihre positiven Bilder. Und nach einer Weile, wenn die sich nicht mehr aufrechterhalten lassen, trennt man sich halt ohne größeren Schmerz; da geht man unversehrt weiter und sucht einen neuen Spiegel. Vielleicht tun sie sich ja weniger an? Nur wenn ein Älterer dabei ist, so aus unserer Generation, der abserviert wird, der leidet dann und versteht nichts. Vielleicht gehn's weniger zerstörerisch miteinander um, aber ein Erbarmen gibt es da halt net.

Die Frauen, die ich so kenn' aus der Frauenbewegung, also so in meinem Alter, die wollen ›Ich‹ sagen und Kinder haben, möglichst allein, ohne Mann, und dann halten sie doch, wo's geht, die Hände auf um Hilfe und Geld. Diese neuen Mütter sind einfach unerträglich. Die Kinder dürfen ständig 'rumschmieren, egal, wann und wo und bei wem. Das ist der reine Narzißmus, was die Mütter da an ihren Kindern ausleben. Grad' diese älteren Mütter.«

Wir schauen den Enten nach.

»Ich will ja gar nicht alles schlechtmachen, was uns 68er angeht. Nach den Kämpfen ham wir uns alle zurückgezogen, um unsere Wunden zu lecken, da hat man viele aus den Augen verloren, die haben sich ins Private verkrümelt. Jetzt gibt's wieder mehr Kontakt zwischen diesen zerbröckelnden Existenzen. Man hat ein gewisses Verständnis für einander, für all die komischen Lebensgeschichten, die sich da vor einem auftun. Wir haben Sachen gemacht, das ist es ja, die wir nicht von uns geglaubt hätten, am liebsten nicht wahrhaben wollen ... Jetzt, wo sich vieles aufgelöst hat, feste Formen wie die Ehe zum Beispiel, verlangt man nicht mehr alles von *einem*. Aber es sind viele Menschen da, von denen man *etwas* kriegt. Da ist man doch auch wieder nicht so allein. Immer wieder kommt jemand hinzu, mit dem einen etwas, wenn auch nicht alles verbindet. Das find' ich typisch für die Leute in unserem Alter.«

Das Graupeln hat aufgehört, aber der Wind fetzt die Wolken nur so über den Himmel, und den Mantel muß man fest um sich ziehen.«Früher hatte ich immer die Sehnsucht, sagen zu können: ›Jetzt hab' ich's.‹ Wahrheiten finden. Heute denk' ich, daß die Bedeutungen immer wegrutschen, sich wieder verflüchtigen ...« Sie schweigt.

Wir suchen den steinernen Pan, nahe beim Badeschlößchen, aber er überwintert in seiner Holzkiste, und kein Flötenton ist in der Luft. Die Fenster des Badepavillons sind mit Brettern zugenagelt, aber wir lugen doch hinein, durch die Ritzen, um uns ein paar königliche Badeszenen vorzustellen.

»Der Michael und ich, wir haben schon ein recht inniges Verhältnis. Die vielen Jahre, die wir jetzt beisammen sind ... Das Gucken nach anderen Männern ist für mich nicht so wichtig, weil ich mit dem Michael so zufrieden bin, bis auf die Krisen, und die gehören ja dazu. Andere Männer, die sind für mich uninteressant. In den Thomas neulich hab' ich mich zwar gleich verliebt, da war ich schnell entflammt. Aber das wär' wieder so eine Sache, so ein Mann, mein Gott! Nicht zum Guten! Nein, das wär' wirklich nicht zum Guten. Das wär' wieder so eine Aufgabe gewesen für mich, wie ich das mit den Männern immer brauch'. So eine Schwerstarbeit.

Die zwei, die mich mal heiraten wollten – mehr waren's ja nicht, also ich mein', die richtig *heiraten* wollten – die waren auch so Gefährdete. Der eine hat sich von einer Brücke zu Tode gestürzt, das hab' ich vor nicht langer Zeit erfahren.

Liebe, die über Identifikation läuft, ist nix. Das ist zum Scheitern verurteilt. Das ist vielleicht das Geheimnis von Michael und mir – unter anderem –, daß wir uns einfach nicht miteinander identifizieren können. Jeder ist dermaßen anders. Michael mit seinem Computer, gar nichts kann ich damit anfangen. Nun gut, er ist dran hängengeblieben, ohne es eigentlich zu wollen. Aber bei uns ist wirklich nichts mit narzißtischer Spiegelung. Aber wenn der andere so zu sein scheint wie man selbst ... wenn man dann fertig gespiegelt ist, ist es aus. Das verträgt man dann nimmer, die Grenze, wo der andere anfängt, wo er anders ist als man selbst.« Sibylle bleibt stehen.

»Eigentlich brauch' ich ja nur eins: Ruhe zum Malen. Ausgeglichenheit. Aber die normalen Männer, mit denen das ginge, die sind mir todlangweilig. Ich find', es gibt nichts Langweiligeres, als einen ungebrochenen Menschen.

Mit Michael geht's ja jetzt zur Zeit recht ruhig. Das ist auch wunderbar. Aber er ist auch ein Mann, wo ich immer denk', ich strauchele, wir straucheln zusammen und fallen. Und diese Demütigungen und Quälereien und Zerstörungen. Aber wenn wir dann hingefallen sind und daliegen, dann sagen wir uns, mein Gott, was sind wir für Wurschteln; bitte, laß' uns doch zusammenbleiben.

Also, Abgründe muß die Liebe schon haben, das ist nichts Nettes, das muß ich immer spür'n, daß da Abgründe sind, wo's einen hinunterzieht. Das will ich auch haben mit dem anderen, sonst gäb's ja keine Möglichkeit zum Erbarmen und Verzeihen. Bei der Liebe, mit den Abgründen, da geht das halt nimmer mit dem ›Ich‹. Das fällt dann weg, das ewige ›Ich‹.

Der Tod gehört auch immer hinein in die Liebe – und die Vergänglichkeit. Bei uns war dieses Gefühl immer sehr stark, vielleicht hat das auch dazu beigetragen, daß wir dankbar sind, daß wir zusammenbleiben dürfen.

Als wir uns grad' ineinander verliebt hatten, also ganz stark, so ineinandergefallen sind und so eine Sehnsucht hatten nach einander, daß wir uns immer gesagt haben: ›Nur keine Symbiose, sonst wird's nichts‹, da bekam Michael Hautkrebs. Den ganz aggressiven. Er mußte sofort ins Krankenhaus, abgeschält ham's ihn, überall an seinem schönen Körper waren die Narben. Und die Angst, daß der Krebs weitergeht. Und wir liebten uns so sehr!

Ich kenne eine Journalistin, die Doris. Die hat jetzt auch eine Krebsoperation gehabt. Der Michael und sie, die haben sich schon immer sehr gemocht. Und da steh' ich draußen, weil die was Gemeinsames haben, was ich nicht teilen kann, diese Erfahrung, wenn der Tod ganz nahe rückt. Ich weiß nicht, was da war zwischen ihnen. Aber das ist mir auch egal, weil ich weiß, beide haben mich gern. Da würd' ich nie was sagen. Das wünsch' ich mir am meisten, daß wir respektvoll, liebevoll weiter miteinander umgehen. Wer weiß, wieviel Zeit uns noch bleibt.

Körperlich gehen meine Bedürfnisse leise zurück. Und das Wort ›Sex‹ kann ich nimmer hör'n. Vielleicht müssen wir die alten Wörter wieder einführen. Aber ob der Michael bei mir bleibt, so wie ich bei ihm bleiben möcht'? Das frag' ich mich manchmal. Er ist ja fünf Jahre jünger als ich.«

Wir sind schon auf dem Heimweg.

»Die Wohnung«, sagt sie, »müssen wir mal wieder renovieren, vielleicht dann, wenn der Michael seinen Auftrag fertig hat. Das macht er«, sagt sie, »so gut er kann. Nur«, und sie scheint sich zu sträuben, »wenn man immer so daheim ist, wie ich, fürchtet man das Staubaufwirbeln doppelt.«

Ihr Lachen, das wie ein Weinen ist. Ihre grade Haltung. Ihr schneller Schritt.

Helen

Wirtschaftswissenschaftlerin und Hausfrau,
verheiratet, drei Kinder

»Meine Vorstellung von Glück: viele Kinder«
oder: »Ich wünsche mir ein einsames Alter«

Zwischen der Stadt und dem Hügel. Andere träumen davon. Für sie ist es der Alltag. Helen wohnt zwischen Weinbergen und Olivenhainen auf einem Hügel, von dem man weit über's Land und fast bis zum Meer sieht. Die Kirschen, Trauben und Feigen holt sie für den Nachtisch frisch vom Baum, und der Wein, der auf den Tisch kommt, ist vor dem Haus gewachsen. Helen ist in Südfrankreich verheiratet, ihre Kinder wachsen zweisprachig auf.

Helen kommt ursprünglich aus Hamburg, aus einer großen und einflußreichen Familie. Sie studierte Wirtschaftswissenschaften, arbeitete politisch und engagierte sich in der Frauenbewegung, promovierte, wurde Assistentin an der Uni und, nach einem Zwischenspiel als Köchin in einem Kommunenrestaurant, wissenschaftliche Mitarbeiterin bei verschiedenen internationalen Forschungsprojekten. Sie lebte in einem großen alten Bauernhaus in der Nähe Hamburgs, als Joël ziemlich überraschend vor ihrer Tür stand. Sie hatte ihn wenige Tage zuvor in Paris zum zweiten Mal in ihrem Leben gesehen. Da stand er nun und kam wohl im rechten Moment, sehr intellektuell, aber doch familiensinnig und auch praktisch, zurückhaltend und leise, aber gar nicht zögerlich; kein schöner Mann, aber einer mit Poesie und um einige Jahre jünger als sie – entschlossen, seine Hélène, die er vom ersten Augenblick an als zu sich gehörig betrachtet hatte, zu heiraten. Und zwar sofort. Und Helen, zuvor in verschiedenen Beziehungen alleingelassen mit ihren Kinder-, Ehe- und Familienwünschen, die zu ihrem sonstigen Leben auch nicht ganz zu passen schienen, sagte kurzentschlossen ›Ja‹.

Jetzt wohnt sie in der Nähe von Nizza. In die Stadt kommt sie nicht oft. Um so lieber holt sie mich im Morgengrauen in Nizza ab: ein Morgen allein, ein Morgen in der Stadt. Die Stadt schläft noch, der Wind bläst Papier durch die Gassen, vor den Straßenfegern mit ihren großen Strohbesen her.

Das sind Rituale, gehütet und selten – ein Frühstück auf der Terrasse einer berühmten alten Brasserie in Nizza. Und die frischen Croissants! – Joël wird den Kindern Frühstück machen, aber allzulange dürfen wir uns natürlich nicht hier aufhalten, wir haben auch noch eine halbe Stunde Weg mit dem Auto vor uns, ja, Gott sei Dank, ein Auto hat sie hier immer gehabt. Nur noch einen Blick in die Schaufenster!

»Gut, daß alles noch zu ist, Geld hab' ich keins.« Den Seufzer hört man kaum. Sie bleibt vor einem Kinderbekleidungsgeschäft stehen. Wie in einer Bonbonniere liegt da Rosa neben Hellblau, ich rechne doch mal schnell die Francs in Mark um. Selbst bei diesem nur verstohlenen Blick auf die Fenster zu einer anderen Welt, denke ich, zupfen die Kinder an Helens Rock. Es ist immer noch Morgen, als Nizza hinter uns zurückbleibt. Eine Stadt, die gerade erst zu leben beginnt.

»Das habe ich mir schon immer gewünscht, das war immer ein Teil meiner Vorstellung vom Glück: eine Familie und Kinder zu haben. Nicht *ein* Kind: Kinder. Wir waren so viele Kinder daheim, und ein Kind käme mir merkwürdig vor, so einsam.

Ich bin ja eine alte Mutter, weil ich so spät geheiratet habe, und es hat keinen Sinn, so zu tun, als ob die Zeit nicht verginge. Ich bin eine andere Mutter als eine junge Frau. Das Mädchen aus dem Dorf, das manchmal die Kinder hütet, gleicht das ein bißchen aus; Marie-Laure, die Große, guckt von ihr ab, wie man sich modisch anzieht und wie man kokettiert ...

Drei Kinder sind viel schöner als zwei, viel reicher. Jetzt hab' ich alles nebeneinander: Marie-Laure ist gerade in die Schule gekommen, Elisa geht in den Kindergarten, und Florent ist das Baby. Je mehr Kinder, desto einfacher wird es.« Sie legt einen höheren Gang ein und tritt aufs Gaspedal.

»Bis Florent achtzehn ist, bleibe ich schon bei Joël. Ich denke heute, man kann auch gut mit jemandem zusammenleben, ohne ihn zu lieben. Früher, mit zwanzig, wäre ich entsetzt gewesen über diesen Gedanken, unvorstellbar wäre das für mich gewesen ... Jetzt«, sie kennt jede Kurve wie ihre Einkaufstasche, »kann ich sagen: Es ist auch entsetzlich, verheiratet zu sein. Manchmal sehe ich das Küchenmesser daliegen und denke einen Bruchteil von einer Sekunde: ›Es ist zu stumpf.‹ Das ist komisch; tragisch und komisch gleichzeitig ...

Joël ist fast zehn Jahre jünger als ich. Ganz sicher wird das noch Probleme geben. Ich werde älter, ich spüre es. Irgendwann kommen die Wechseljahre. Ich sag' ja – irgendwann. Ich war seine allererste Frau ...

Aber ich sage mir, wenn ich mal nicht mehr mit Joël zusammen bin, das ertrage ich auch. Er ist ein Teil, aber nur ein Teil meines Lebens. Ich habe keine Angst davor, allein älter zu werden. Es gab mich vor und ohne ihn, und es wird mich nach ihm geben.«

Helen tritt auf die Bremse. Die Ampel ist rot. Wir sind nicht mehr weit vom Dorf entfernt. Wir stehen an der Hauptkreuzung des kleinen Städtchens, in dem Helen ihre größeren Einkäufe macht. Vor dem Café an der Ecke steht eine alte Frau und betrachtet die Leute und den Verkehr. Sie sieht nicht so aus, als ob sie noch etwas erschüttern könnte.

»Mit der Arbeit ist es schwierig. Manchmal werde ich wegen eines Projektes angefragt. Joël hat eine Art, mich zu ermuntern, die mich völlig blockiert, eine subtile Form, mich zu schwächen. Entweder er findet, ich müsse viel mehr Honorar verlangen (mehr als ich glaube, im Gegenwert leisten zu können) – das macht mich unsicher, oder er boykottiert meine

Arbeit in den blödesten Momenten, indem er sagt, er könne die Kinder nicht übernehmen, wenn es ganz dringlich ist. Oder er wird einfach krank.

Es ist eben schwierig. Joël selbst arbeitet meistens zu Hause. Er restauriert alte Musikinstrumente. Zu Hause sind aber die Kinder, und das Haus ist eng. Wenn das Wetter schön ist, sind sie ja draußen, aber im Winter oder wenn es regnet – ich kann sie nicht so ruhig halten, wie Joël das gerne hätte. Und wir haben nur die Küche und das Schlafzimmer neben Joëls Atelier.« Ich versuche mir das vorzustellen.

»Das Haus gehört den Schwiegereltern. Der Schwiegervater wohnt auch im Haus, wegen des Weinbergs. Die Schwiegermutter und oft auch die übrige Familie kommen sonntags aus der Stadt herauf zum Essen. Was ich koche, ist meistens nicht recht. Die Schwiegermutter meint, die Hemden von Joël bügele ich auch nicht richtig ...«

Früher fuhr Helen ein schweres Motorrad. Wie sie jetzt drauflosrasen müßte, denke ich.

»Mit dem Essen ist Joël heikel. Es muß immer aufwendig traditionell gekocht werden. Viele Sachen ißt er gar nicht. Und mit den Kindern ist es so schwierig, alles pünktlich hinzukriegen, so auf die Minute, vor allem, wenn die Kinder krank sind.

Joël verdient mit seiner Arbeit nicht viel, und wir sind fünf Personen ... Aber für ihn ist es eine Schande, wenn ich arbeite. Als ob er seine Familie nicht ernähren könnte. So sieht das dann aus. Es ist demütigend für ihn. Trotzdem. Ich habe jetzt an einem deutsch-französischen Projekt mitgearbeitet, da kam ich durch alte Beziehungen dran. Ich brauche die Arbeit einfach. Hausfrau und sonst nichts, das kann ich nicht. Nur weil die Landschaft so schön ist, halte ich die Gleichförmigkeit dieses Daseins einigermaßen aus. Wenn ich jetzt an diesem Auftrag arbeite, tut mir das schon gut. Es ist keine sehr schwierige Sache. Ich habe auch Lust, mal wieder Geld zu haben, mir was Anzuziehen zu kaufen, mich schön zu machen, ein bißchen Kosmetik ... – Neulich fragte Joël, ob ich die Glasplatte auf dem Tisch zerbrochen hätte. Ich sagte ›Nein‹. Da fragte er nach: ›Sicher nicht?‹ Das hat mich ungeheuer empört, diese Abhängigkeit, dieses Zur-Rechenschaft-gezogen-Werden. Als hätte ich es nötig, ihn anzulügen, wenn es mir passiert wäre!

Manchmal frage ich mich, was soll das alles, mit der ganzen Ich-Werdung und so weiter, um hier zu landen – in dieser lächerlichen Abhängigkeit, wo einer versucht, mich völlig anzubinden und jede halbe Stunde zu kontrollieren ... Ist es das nun? Emanzipation? Gleichberechtigung? Selbstverwirklichung? Was ist das eigentlich? Ich weiß nicht. Wenn ich das jetzt mache, mit dem Auftrag, ist es ja auch nicht gerade das, wovon ich träume, etwas, was ich mit Leib und Seele möchte. Mehr ein Job, wo nur ein Teil von mir Platz hat. Was anderes geht auch gar nicht neben der Familie.«

Wir rumpeln durch ein kleines Wäldchen. Helen biegt in die Naturstraße ein, die zu ihr nach Hause und nirgendwo anders hin führt.

»Was das Wahre gewesen wäre? Es ist schwer, sich genau zu erinnern, was man eigentlich wollte.«

Häusliche Spiele (oder: Picknick unter Pinien). Wir sind da. Joël sieht mürrisch aus. Besänftigend streckt Helen ihm die Zeitung hin, die sie aus Nizza für ihn mitgebracht hat. Auch Marie ist gekränkt, daß Helen sie zu Hause gelassen hat. Elisa springt aus dem Haus. Sie ist fünf und hat die gleichen braunen Locken wie Helen. Die springen so in alle Richtungen wie sie selbst. Und der Kleine? Der schläft. Der Schwiegervater zeigt sich nicht. Ich erinnere mich, daß ich Helen nach den Schwiegereltern gefragt habe.

»Die Beziehung zu den Schwiegereltern? Je länger, je aussichtsloser. Wir haben den kleinstmöglichen gemeinsamen Nenner.«

Die Waschmaschine, die sie nach mehreren Jahren endlich

angeschafft hatte, hat der Schwiegervater eines Tages wortlos in den Schuppen gestellt. Jetzt steht sie da, ohne Wasseranschluß. Wenn man so wenig Geld hat, wäscht man von Hand, bügelt rasch am Morgen vor dem Frühstück auf. Aber wie eine Madame hat Helen eine Putzfrau engagiert und noch ein Mädchen zum Kinderhüten.

Helen steht mit Florent, der bald ein Jahr alt wird und blond, groß und kräftig ist, in der Küche. Als ahnte er, daß sie am liebsten wegliefe, klammert er sich an sie und schreit, wenn sie sich nur einen Schritt entfernt. »Es ist halt eine Phase«, sagt sie. Einhändig hantiert sie mit dem Abwasch, schält vornübergebeugt die Kartoffeln, zwischen sich und dem Tisch, an ihre Hosenbeine geheftet, das Kind. Joël schimpft, sie sei spät dran. »Das Essen ist ja vorbereitet«, sagt sie, aber er müsse den Kleinen schon mal füttern; sie muß die Mädchen von Kindergarten und Schule abholen. Das Füttern hätte sie vorher schaffen müssen. Sie scheint gleichgültig, abgestumpft gegen die Vorwürfe, rast dann aber mit dem Auto davon. Reifen quietschen. Die Töpfe stehen auf dem Feuer. Muß Joël es abstellen? Rückkehr mit den Kindern. Die Vorstellung, daß es immer Wein zum Essen gibt, ist falsch.

Helen schlägt einen Ausflug in das nahegelegene Wäldchen vor. Räder, Tretautos, Mineralwasser und Plätzchen werden eingepackt. Ponpon, der Hund, verdrückt sich bei so viel Aktivität. Fünf Minuten später, im Wald, wird alles wieder ausgepackt, Helen verteilt die Plätzchen. Die Mädchen sind stumm. Marie hat die blauen Augen von Helen, in ihrem zarten, verschlossenen Gesicht sind sie irritierend schön. Helen schlägt Spiele vor. Sie verteilt Wasser in Plastikbechern. Sie schlägt andere Spiele vor. Die letzten Plätzchen zerkrümeln in Florents Fäusten.

»Ich würde mich so gerne unterhalten«, sagt Helen. »Aber es ist Zeit zum Einpacken, ich muß noch einkaufen für das Abendessen. Wir sollten uns beeilen.« Florent ist müde und schreit. Elisa ist hingefallen und hat sich wehgetan.

Wir können draußen zu Abend essen. Alles wird hinuntergetragen in den Garten. Der Blick ist zauberhaft. Helen schiebt den Stuhl zurück und verteilt im Stehen, über den Tisch gebeugt, Fleisch mit Soße. Noch ein Schlag Bohnen. Joël füttert seinen Sohn, der zwischen ihm und Helen sitzt. Sagen tut er nichts. »Joël will einen Film im Fernsehen sehen«, sagt Helen. Sie schluckt den letzten Bissen herunter und stellt die Teller aufeinander. Und wir räumen alles wieder ins Haus.

»Wenn ich morgens aus dem Fenster gucke, auf die Oliven, die Weinhänge, weit weg eine Ahnung vom Meer, und es duftet herein nach Morgen – natürlich bin ich dann glücklich.«

Zwischen dem Hügel und der Stadt. Helen müßte, sollte, möchte nach Nizza. Am liebsten gleich. »Vielleicht morgen. – Nein, das geht doch nicht so gut ... übermorgen. Ja, aber da müßte ich vielleicht doch die Kinder mitnehmen.« Das Benzingeld fällt ihr ein. »Donnerstag, falls kein Kind krank wird, und du mußt sagen, daß du das Benzingeld bezahlst.«

Dann ist es soweit. »Allein diese Schuldgefühle, die das nicht zulassen, daß ein solcher Ausflug auch ein schöner Ausflug wird. Es muß immer ein Grund von außen da sein, der das ganze rechtfertigt. Aber, sage ich mir, Schuldgefühle machen es erst richtig schön.«

Sie lacht verschmitzt und kommt mir jetzt vor wie ein junges Mädchen, die große Helen, zu der man hinaufgucken muß. Auch Joël ist einen Kopf kleiner. Sie ist schlank und braungebrannt, schlaksig, mit einer Menge grauer Haare in den Locken. Oder ist es die Stupsnase? Wenn sie in Laune ist, macht sie's mit ihren blauen Augen. Es braucht nicht viel, und sie ist attraktiv.

Wir sind unterwegs in die Stadt. Nein, nicht mit dem Auto. Mit dem Bus. »Helen mit zwanzig – eine miefige Sache eigentlich«, sagt sie und sieht nachdenklich zum Busfenster hinaus. »Mit zwanzig, auch mit fünfundzwanzig war das noch schwer auseinanderzuhalten, was ich wollte und was die Eltern von mir wollten. Was wollte ich eigentlich wirklich? Leistung? Das war immer nur der Versuch, mit den Minderwertigkeitsgefühlen fertig zu werden.

Wenn die Eltern mal sterben, wie wird das sein? Manchmal wünschte ich, der Vater wäre tot. Schon für meine Mutter, die so unter ihm leiden muß. Aber wie das dann ist? Jetzt, angesichts des männlichen Enkels, wird mein Vater, der Riese, schwach. Auf die Mädchen hat er gar nicht reagiert. Jetzt steht er gerührt vor dem Kinderbett, ist aber froh, daß der Kleine schläft und er ihn nicht anfassen muß. ›Den mußt du fordern, der braucht Führung, sieh nur den willensstarken Blick.‹« Helen schüttelt sich. »Meine Mutter, die ist ganz vom Vater und seiner Welt beherrscht, immer seiner Meinung, immer Sklavin, auch wenn er nicht im Haus ist. Der regiert auch aus der Ferne. Und immer ihre Hetze!« Helen guckt auf die Uhr.

Wie es ihr als Tochter bei diesen Eltern gegangen ist, als einzigem Mädchen neben lauter Brüdern? »Aus der Tochter ist nichts geworden«, Helens Schultern zucken resigniert. »›Hoffentlich weißt du, was du an Joël hast‹, sagen meine Eltern, ›und verhältst dich danach. Mach's ihm nicht so schwer.‹ Wie ich sein müßte, damit ich meiner Mutter recht wäre? Da müßte ich acht Kinder haben, eins mehr als sie. ›Siehst du, wie du langsam doch hineinwächst?‹ sagt sie, wenn ich mal von den Kindern erzähle.« Und daß sie promoviert hat? Helen winkt ab. »Taugt nichts. Mein Vater ist Jurist. Nur *der* Doktor zählt.« Der Bus hält vor der Post. Wir sind da. »Eine Mittelstufen-Lehrerin hat er aus mir machen wollen. Was Ordentliches, Rechtes, viel Ferien und Zeit für die Familie.« Die Ökonomie sei sowieso nichts für Frauen, und schon gar nichts für Helen. Der dürfe man nichts anvertrauen in Geld- und Wirtschaftsfragen.

»Die Unsicherheit, ob ich überhaupt was kann, ist geblieben. Neulich, das hat mir zu denken gegeben: Meine Mutter verwaltet mein Konto in Deutschland, auf das die Auftraggeber mein Honorar überweisen. Es gingen gerade 3000 Mark ein, als ich zu Hause bei den Eltern war. Meine Mutter fragte: ›Ah, das mußt du wohl jemandem überweisen?‹ – ›Nein, das ist meins‹ sagte ich. – ›Das hast *du* verdient?‹ Ungläubiger Blick. Und ich, mit über vierzig Jahren, ich sagte mir: ›Helen, hast du es vielleicht gar nicht verdient?‹

Mir ist klar, daß ich bei den Studentenunruhen dabei sein mußte. Grundlegende, aber auch dumme Fragen stellen dürfen, die noch dazu frech sind. Nicht intelligent und vor allem nicht verständig sein müssen. Nicht hübsch und nicht weiblich und nicht bescheiden sein müssen. Sich für etwas ›Drittes‹ engagieren (und damit dem Konflikt mit den Eltern entkommen), das anders ist als das ›Dritte‹ der Väter. Eine eigene Sprache suchen. Definition der eigenen Person über die Rebellion. Das Nicht-so-wie-ihr-wollt. Das gab Sicherheit, das Gefühl, eine eigene Person zu sein.

In der Dissertation habe ich versucht, die wirtschaftspolitischen Vorstellungen, die die 68er sich machten – und ich selbst –, zu analysieren und auf ihre Realisierbarkeit hin zu prüfen. Daran bin ich fast krepiert: sozusagen aus der Sicht des Vaters, der Politiker ist, die eigene Rebellion ›abzuklären‹, beide Positionen zusammenzubringen, ihn und mich, Vater Staat, Vater Kapitalist und die Helen, die selber und auf jeden Fall anders will. Die Quadratur des Kreises. Die ganze 68er Zeit – für mich ist das der Vater-Tochter-Konflikt gewesen. Und, es ist einfach zum Verzweifeln, dazu war die ganze Situation auch noch genau dem väterlichen Modell nachgestellt, denn mein Großvater und mein Vater, die sind ja nicht einfach Geldsäcke, sondern für das Gemeinwesen aktiv. Die wollen politisch, sozial etwas, so wie ich es auch wollte. Ich kam nicht davon ...«

Wir sind an der Marmortheke einer schönen, alten Bar gelandet. Santé, Helen!

»Und jetzt hab' ich einen Mann aus der Unterschicht, wie das so zur Theorie paßt, und übe den bürgerlichen Terror meiner Familie aus: Essen ist nicht nur Essen, sondern auch Kommunikation, Kultur. Schau, wie Marie das auch schätzt und nicht mag, wenn die Gabel falsch liegt, und wie gern sie Servietten hat: wie die Mama. Ein Tisch soll auch schön gedeckt sein ...

In der Erziehung habe ich vernünftige Gründe für gesunde Nahrung, Sauberkeit, pünktliches Zubettgehen, Manieren. Die subtile Macht, unbeugbar, weil ich raison habe. Die Gewalt der bürgerlichen Vernunft. Joël ist hilflos dagegen. So haben wir 68er Karriere gemacht. Joël sitzt dann da mit der Zeitung und schaltet ab. Joël, der auch seine Ergänzung sucht, was den Haß nicht ausschließt ...

Was bleibt? Daß wir Platz für die Widersprüche lassen können und für ›Seitensprünge‹ aus unseren Mustern. Wenn es mir plötzlich gleich ist, ob die Kinder sich waschen und ins Bett gehen, wenn Joël Besuche mit den Kindern macht, für die sonst ich zuständig bin, stellt sich auf einmal und immer noch das Gefühl von Beziehung, von Glück ein. – Kleine Löcher im Korsett, Spalten im Panzer, ein wenig Luft für unregelmäßige Atemzüge. So einfach ist das Glück.«

Letzter Ausflug. Helen hat sich halb davongestohlen. Die Kinder schlafen. Joël ist zu Hause. Wir sitzen in dem kleinen Restaurant am Rande des Dorfes.

»Diese wunderbare, kleine Schachtel, was das ist? Antibabypillen. Euphorie war das, als ich sie in den Händen hielt. Ich nehme heimlich die Pille und sage hin und wieder einfach: Heute ist es günstig. Den Präservativen traue ich sowieso nicht. Die Spirale mußte raus, weil ich eine Entzündung hatte. Aber jetzt auf einmal diese Depressionen mit der Pille. Ich wußte erst gar nicht, was los ist, warum ich kaum noch aufstehen konnte am Morgen, mich so fühlte, als wollte ich überhaupt nie mehr aufstehen. Und ich darf mir nichts anmerken lassen, weil Joël doch nichts von der Pille weiß. Die kleine Operation, das wär's. Aber ich weiß noch nicht, wie ich das mache. Joël ist dagegen. Ich bin mir absolut sicher, daß ich kein Kind mehr möchte. Ich habe panische Angst, noch mal schwanger zu werden.« Ich schenke Wein nach.

»Das war ein Schock, als Florent kam«, sagt sie, »ein solcher Schock. Und jetzt das mit der Pille. Die Blutungen seit Wochen.«

Die Zikaden draußen. Die Lichter vom Dorf. Sie zieht die Knie hoch und legt die Arme darum. »Wenn der Rock hochrutscht,« sagt sie, »verlangt Joël, daß ich ihn herunterziehe. Sexualität? Das Maß ist voll an Körperkontakt und Berührtwerden. Wie eine Traube hängen die Kinder an mir, fassen in meine Haare, sitzen auf meinem Schoß, wollen auf meinen Arm, halten sich an meinen Röcken fest, klammern sich an die Bluse. Ich sehne mich nach einem kühlen, frischbezogenen Bett am Abend. Allein möchte ich da drin liegen, lesen vor dem Einschlafen. Nicht berührt werden. Es ist dieses Übermaß an Nähe.« Sie rückt mit dem Stuhl ein Stückchen vom Tisch ab.

»Für mich ist es fast unmöglich, mit Joël zu schlafen, nach den Tagen voller Anstrengung und Angefaßtwerden. Hier und da träume ich, ich hätte mit anderen Männern geschlafen. Das sind schöne Träume. Erotik gibt es ja auch weiterhin, auch eine erotische Eigenständigkeit. Manchmal fühle ich mich von jemandem erotisch angezogen. Ich genieße das, ohne dem Gefühl nachzugeben. Das fände ich unfair Joël gegenüber. Ich bin auch deshalb mit nach Frankreich gegangen, weil ich meine Männergeschichten hinter mir zurücklassen wollte, räumlich und überhaupt. Ich würde auch nie die alten Beziehungen auffrischen, wenn ich mal ohne Joël in Deutschland bin.

Bei ihm ist das was anderes. Vielleicht braucht er irgendwann eine andere Frau, eine andere Erfahrung. Das fände ich verständlich.« Ihre Hände liegen ganz ruhig auf dem

Tisch. »Wenn ich nicht mehr mit Joël zusammen wäre, würde ich trotzdem hier bleiben. Deutschland ist mir fremd geworden. Ich hasse diese kühle Art zu Hause, diese steife Gediegenheit, diese unerotischen, gestylten Null-Männer.

Und ich weiß auch gar nicht mehr, wie man sich dort benimmt. In den Nobel-Restaurants bleiben mir die Worte weg. Manchmal geniere ich mich, aber beim Essen in den Lokalen, wo meine Familie verkehrt, fällt mir einfach nichts mehr ein, keine passende Konversation.

Die guten Freunde sind mir zu Hause aber geblieben. Hier unten habe ich keine Freunde, nur eine Freundin, und die ist eine Deutsche.

Aber die Selbstgerechtigkeit zu Hause und Vornehmheit, unter der so einiges andere schlummert, kann ich einfach nicht mehr aushalten.«

Wunschträume, die hat sie schon. Ein Haus für die Familie, das mit den Menschen wächst und sich verändert. Etwas Geld. Nicht mehr abhängig sein von der Gnade der Schwiegereltern. Sich nicht mehr als was Besseres beschimpfen lassen müssen. Einmal wird sie Geld haben. Genug Geld. Ein Vorschuß auf das Erbe? Davon mag sie nicht sprechen. Sie hätten so ein schönes Haus kaufen können, nicht anspruchsvoll. Sie winkt ab. Da kommt zuviel Enttäuschung hoch. Mit dem Traum hat sie abgeschlossen.

Den beruflichen Ehrgeiz hat sie ausgenommen. Doch ja, der ist da. Oh ja, sie will noch einmal etwas gut machen, gut können, beruflich zeigen, was sie alles kann, besser sein als andere. Sie lehnt sich über den Tisch, zu mir herüber.

»Bisher? Bisher bin ich doch immer davongelaufen, bevor es sich zeigen konnte, daß ich eigentlich keine Ahnung habe. Ich hab' mich den Ansprüchen nie gewachsen gefühlt, das sah nur so aus. Das sah immer nur so aus. Die internationalen Kongresse? Ich konnte doch nicht an mich glauben. Als ob das nicht ich wäre, in den großen Hotels, in den Sitzungen.

Die Stimme wie mein Vater, die Ausdrucksweise wie mein Vater, eine Karikatur.« Und dann habe sie – peinlich – alles mit Beziehungen verklebt, mit Erotik. Jetzt würde sie ihr Privatleben nicht mehr da hineinmischen müssen, um mehr Stand zu kriegen. »Hier ist das Arbeiten für eine Frau viel leichter. Das Anerkanntwerden. Hier ist niemand überrascht, wenn ein Arzt, ein Anwalt, ein Journalist, ein Professor eine Frau ist. Die meisten Frauen arbeiten, ob als Putzfrau oder Ärztin, weil die Familie das Geld braucht. Wer fünfzig Prozent des Einkommens erarbeiten *muß*, hat automatisch einen andern Wert. Das hat hier nichts mit Selbstverwirklichung zu tun. Die Kinder werden gut versorgt. Selbst hier im Dorf haben wir den Schulbus, der sammelt alle Kinder für Kindergarten und Schule ein. Der Kindergarten ist ganztags, die Schule auch, und das Essen ist dort besser als bei mir zu Hause, und spottbillig. Die ganzen Minderwertigkeitsgefühle, hier hab' ich sie nicht, auch wenn ich die Kinder mal zu Sitzungen oder Besprechungen mitnehmen muß und nicht so elegant auftrete. Das entspannt mich ungeheuer. Und dabei bin ich dann trotzdem eine Frau. Da sind erst mal keine Vorbehalte.«

Wir stehen vor der Tür des kleinen Restaurants und gukken ins Tal. Morgen muß ich nach Hause. Das letzte Mal, als ich hier war, hat das ganze Tal gesprüht von tausenden von kleinen Lichtern, Leuchtkäferchen. Ich wollte, sie wären jetzt da. Aber die leuchten und kommen einmal im Jahr, im Juni, und damit hat's sich. »Träume. Ja. Der Traum vom Alleinsein, vom Alleinsein im Alter. Wenn ich so darüber nachdenke, wünsche ich mir Joël weg. Oft wünsche ich mir auch die Kinder weg. Diese eine Woche Ferien in der letzten Schwangerschaft, eine Woche, ganz allein, das war der Gipfel vom Glück. Einen stillen, ungestörten Ort haben, konzentriert an etwas arbeiten, Literatur lesen, Poesie, und etwas entstehen lassen. Nicht unterbrochen werden. Kühle. Stille. Gleich hier in der Nähe gibt es ein Haus, in dem ich leben und sterben möchte. Wenn du Zeit hättest, würde ich es dir zeigen.«

Margot
Kindergärtnerin, ledig, zwei Kinder

»Nicht so bescheiden, auch wenn die Verhältnisse schwierig sind!«
oder: »Liebe muß sein – auch wenn man nicht mehr weiß, was das eigentlich ist«

Ich würde ihr gern mal bei der Gartenarbeit zugucken. Wie sie Kirschen pflückt oder Bohnen aufbindet, oder noch besser, wie sie Kartoffeln ausgräbt, barfuß, mit gegrätschten Beinen, vornübergebeugt, der Träger des ärmellosen T-Shirts über die nackte Schulter gerutscht und bei allem mit Lidschatten, als wären die dunklen Augen nicht schon lebendig genug. Margots Hände sehen aus, als müßten sie ständig schwarze Ränder unter den Fingernägeln haben, vom In-der-Erde-Graben. Sie wohnt aber nicht mehr auf dem Land, den großen, alten Hund hat sie weggegeben, nur Hamster gibt es noch in der Stadtwohnung und die Kräuter und Stauden und Blumen auf dem Balkon, alles schön und wild durcheinander wie in ihrem eigenen Leben.

»Ich kann in dieser Wohnung nicht bleiben«, sagt sie, »obwohl die Wohnung doch wirklich toll ist. Aber ich kann nicht im zweiten Stock wohnen, ich muß auf die Erde runter, ich muß mit den Füßen immer auf der Erde stehen.

Ich mach' uns einen Drink«, sagt sie, und ich soll gemütlich sitzen bleiben und gar nichts tun. Ich sehe zu, wie der Campari noch eine Zitronenscheibe bekommt, Oliven auf einen Teller rollen, kleine Knoblauchbrote geröstet werden und die Servietten auf dem Tablett zu liegen kommen wie im Luxushotel. Hier kommt man nicht einfach zu Besuch, hier wird man empfangen, bewirtet und fühlt sich aufgehoben wie auf dem eigenen Sofa.

»Meine Großmutter mütterlicherseits, Anni hat sie geheißen, war eine mütterliche Frau, mit großem Busen und sehr
gläubig, auf eine Art, die sich gut mit ihrem Temperament
vertrug. Sie hatte ein unheimliches Phlegma. Wenn der
Großvater sie anschnauzte: ›Räum’ endlich ab!‹ – wie sie
dann gleichgültig träge mit ihrem breiten Arm die Tür auf-
drückte und sich mit dem Geschirr hindurchschob, langsam,
und wieder stehenblieb ... Sie ertrug nicht nur seine Tyran-
nei, sondern auch, daß ihre jüngere Schwester seine Geliebte
war. Drei Kinder hatte der Großvater mit Annis Schwester,
und die zog Anni mit ihren vieren auf. Die Schwester war immer elegant und gut frisiert, Anni einfacher und rund, ergeben in ihren Glauben. Nur als der Großvater im Sterben lag
und die Geliebte jammerte und klagte: ›Mein Mann, mein
Mann‹, da baute die Anni sich einmal vor ihr auf und sagte:
›Das ist immer noch mein Mann.‹«
Margot jongliert das Tablett ins Zimmer, und ich sehe Anni
vor mir. »Annis Tochter hieß auch Anni, das war meine Mutter. Sie war Erzieherin. Mit sechsundzwanzig lernte sie da, wo
sie arbeitete, den Karl kennen, der war Heimerzieher. Sie
schrieben sich wunderbare Briefe – welche Ideale nicht alle
auf dem Papier Platz haben«, Margot lacht mit einer Stimme,
die immer ein bißchen erkältet klingt, rauh vor Anstrengung,
weil sie immer so viel ausdrücken muß. Sie stellt das Glas vor
mich hin und schiebt mir die Oliven zu.
»Sie teilten die Liebe zu Literatur und Musik, religiös waren sie auch beide, also verlobten sie sich. Karl war damals
sechsunddreißig. Anni bekam dann aber Zweifel, weil ihr
Verlobter gar nicht zärtlich mit ihr war. Sie wollte nicht mehr
heiraten, aber da gab’s nichts. Die Großmutter bestand darauf. Dann kam der Krieg. Noch im Krieg wurde ein Sohn geboren, der starb, nach dem Krieg eine Tochter, ein Sohn, wieder eine Tochter, dann kam ich und dann noch der Kleinste.
Fast jedes Jahr ein Kind. Karl arbeitete nach dem Krieg wieder in einem Heim. Anni strickte und stickte, kochte und

wusch. Eines Tages wurde sie vor die Heimleitung gerufen, und man teilte ihr mit, daß sie innerhalb von vierundzwanzig Stunden mit Mann, Kindern, Sack und Pack die Stadt zu verlassen habe, andernfalls am nächsten Tag gegen ihren Mann Strafanzeige erhoben werde, da er sich wiederholt Heimzöglingen unsittlich genähert habe. Anni stand zu ihrem Mann, bei Nacht und Nebel zogen sie davon, nahmen mit, was sie mitnehmen konnten und fingen wieder ganz von vorne an.

Mein Vater trug seine eigene Geschichte auf dem Rücken. Er war gleich nach der Geburt zu katholischen Schwestern gegeben worden, weil seine Mutter, eine Katholikin, unehelich von einem Protestanten geschwängert worden war. Unehelich wäre vielleicht noch angegangen, aber nicht von einem Protestanten. Sieben Jahre später holte ihn seine Mutter, die inzwischen einen Katholiken geheiratet hatte, als Knecht auf ihren Hof. Ich weiß nicht, wie er es geschafft hat, immerhin Erzieher zu werden. Aber Macken waren halt da – nur daß sie bisher nicht ans Licht gekommen waren.«

Margot ist in einer Gärtnerei im Odenwald groß geworden. Da war Anni, ihre Mutter, die organisierte, arbeitete, leitete, verwaltete. Aus der Gärtnerei wurde ein Großbetrieb.

»Um fünf Uhr stand sie auf, wusch die Kinder und machte sie ordentlich zurecht, dann fuhr sie mit dem Traktor aufs Feld und blieb den Tag über draußen. Wir wuchsen mit dem Gesinde auf, mit der Landschaft, den Wiesen, Feldern und Wäldern. Ungebundenheit, ja, das ist das Wort dafür, wie wir groß wurden.«

Die Knoblauchbrote schmecken wunderbar, und Margot kündigt ein Käsesoufflé mit gemischtem Salat zum Abendessen an. Aber noch werden keine Eier in die Schüssel geschlagen. Margot zieht die Beine hoch und betrachtet ihre Fußnägel.

»Mein Vater änderte sich überhaupt nicht bei dem ganzen. Er hatte homosexuelle Liebschaften; wenn Anni sich beschwerte, machte er ihr ein neues Kind. Ab und zu verschwand er in die Großstadt und kam mit teuren Geschenken für meine Mutter heim, die sie nicht brauchen konnte und auch noch bezahlen mußte, denn sie machte ja die Arbeit.«

Margot pickt eine Olive auf und sieht zufrieden aus.

»Nur kleinbürgerlich war er nie, waren die Verhältnisse nie bei uns. Das Gott sei Dank nicht. Das hatte schon alles eine Größe. Meine Mutter sorgte selbst für sich und ihre Bedürfnisse. Sie hielt sich ihre Liebhaber, junge, kräftige Männer, die sie als Arbeiter heranholte. Wir Kinder wußten das, als wir noch kleiner waren, spürten, rochen wir es. Dieser besondere Ton, mit dem sie ›Ja!‹ rief, wenn sie die Wäsche aufhängte und ich nach ihr rief: Da wußte ich, daß sie nicht allein war. Und das Gefühl, wenn meine Mutter an meinem Bett stand und ein Gute-Nacht-Lied sang, und hinter ihr im Dunkeln stand noch jemand, den ich nicht sah und der von hinten meine Mutter anfaßte ...

Manchmal schlief ich nachts bei ihr im Bett, dann lag ich ganz fest in ihren Armen, geborgen und umschlossen, aber das war auch eine distanzlose Nähe, und manchmal dachte ich: und wenn ich das nun gar nicht will?

Ich hatte eine Mutter, aber nur nachts. Tagsüber war das Kindermädchen da. Als ich zweieinhalb war, ging das Mädchen weg, und mich steckten sie in ein Kinderheim, weil sie fanden, ich sei dort am besten aufgehoben. Gestochen scharf ist die Erinnerung an Trauer, Zorn, Entsetzen, Einsamkeit. Nur das nicht mit meinen eigenen Kindern wiederholen, das schwor ich mir.

Und der Vater? Mein Gott, der Vater. Der wußte sich zu pflegen, machte Erholungsreisen in die schönen Gegenden Europas. Er ist früh gestorben. Haben wir Kinder ihn gehaßt? Der Vater, das war der Samstagabend, wenn er uns fragte, ob wir auch saubergemacht hätten. Nickten wir, sagte er: ›Dann wollen wir mal sehen‹, rückte den Herd von der Wand, fuhr unter die Schränke und fand immer noch Schmutz. Dann ließ er uns putzen, stundenlang, bis tief in die

Nacht. Mein Vater, das war auch der Satz: ›So, ist es mal wieder so weit, daß ihr was braucht.‹ Dann mußten wir in der Küche warten, einer rückte immer vor ins Wohnzimmer, dann weiter ins Schlafzimmer. Dort hieß es, Hosen runterlassen, und der Vater schlug zu mit dem Lederriemen oder dem Teppichklopfer.

So kamen wir der Reihe nach heraus mit rotblauen Striemen, Platzwunden.«

Margot wirft die schwarzen Haare nach hinten, nimmt das Kinn hoch und sagt trotzig: »Was soll's? Die Schläge waren mir lieber als das spießbürgerliche Behütetwerden der Nachbarskinder, die keinen unbeobachteten Schritt machen konnten. Wir waren frei, wir hatten unsere eigene Welt, zu der niemand Zutritt hatte. Wir wurden geschlagen, na gut, aber sonst machten wir, was wir wollten. Um sieben mußten wir ins Bett, aber dann hatten wir noch unsere Phantasie, die uns keiner verbieten konnte.

Wir trieben uns herum, wir Mädchen machten in der Küche beim Kartoffelschälen die Arbeiter geil, und daneben hatten wir kindliche Träume. Unser Zuhause war so groß – da waren die Felder und die Wiesen und die vielen Menschen auf dem Hof. Da zogen wir die Hosen über unsere Striemen und gingen unserer Wege. Und wir sind alle was geworden ...« Sie lacht, aber das könnten auch Tränen in ihren Augen sein: »Einmal hat die Nachbarin gesagt: ›Karl, du hast wirklich eine wunderbare Familie. Nur schade, daß das Margotchen nicht normal ist.‹ Ich war so dicklich, saß da mit offenem Mund, als verstünde ich nichts. Ich staunte immer. Ich staunte immer über dieses Leben. Das Kind Margot, das ist ganz stark in mir und wird das auch immer bleiben.«

Eigentlich müßte sie zur Zeit aber gerade sehr erwachsen sein, denn im Moment sind in ihrem Leben viele Fragen offen, auf die sie ganz allein eine Antwort finden muß.

Wir sind in die Küche umgezogen, und jetzt sitzt Margot am Küchentisch und greift sich in die Haare. Die sind zum

Raufen da und führen ein strähniges Eigenleben jenseits der Ordnung, die eine Frisur schafft. Sie trägt Ohrringe, die genauso dramatisch sind wie ihre Gesten. Aber nun hält sie die Hände ganz still. Vor kurzem hat Margot gekündigt, eine neue Arbeit hat sie nicht, und sie ist ja auch nicht allein, sondern hat noch den Anton und den Mark aufzuziehen; Geld muß ins Haus. Margot hat vor vielen Jahren einen Kindergarten aufgebaut, eine Ganztagskrippe, die sich sehen lassen kann. Man hat sein Kind schon fast bei der Geburt anmelden müssen, damit es einen Platz bekam in dem großen, alten Haus mit dem Malkeller, den vielen Zimmern, dem Dachboden zum Verstecken. Das war ein wirkliches Zuhause für die Kinder. Aber auch in einem solchen Haus ändern sich die Zeiten, die Erwartungen der Eltern, die Vorstellungen der nachrückenden jüngeren Kolleginnen.

»Alles ist anders geworden, und ich merke daran, daß ich älter geworden bin. Ich bin aus dem Ganzen herausgewachsen, ich passe da gar nicht mehr hinein; das, was ich den Kindern vermitteln will, Heimat, soziales Verhalten und ganz viel eigenes, individuelles, schöpferisches, unbeschnittenes Spielen, das paßt nicht mehr. Und ich kann's allein nicht durchziehen, ich sehe ja, wie erschöpft ich bin, wie fertig, wie mit den Nerven runter, wie aufgezehrt. Das waren große Ideale, noch so eine Folgewirkung von 68, aber ich kann nicht mehr, und die anderen wollen auch gar nicht, daß ich kann. Die wollen nun das Ruder übernehmen, und das ist auch richtig, weil sie jünger sind, eine neue Generation. Ich kann auch nicht verlangen, daß die sich von diesem Betrieb mit dreißig Kindern so auslaugen lassen wie ich. Und ich bin nicht mehr die Alte. Inzwischen sind ja auch meine eigenen Kinder da, und der eine ist so zartbesaitet und hat dauernd Fieber. Im Kindergarten hatten mich die beiden, aber sie hatten mich auch nicht, weil ich für alle Kinder da sein mußte und sie nicht bevorzugen konnte und wollte. Da sahen sie mich und mußten gleichzeitig auf mich verzichten. Und wenn wir nach

Hause gingen, und ich war ganz fertig von dem Kinderkrach und der Unordnung und dem ständigen Angesprochenwerden, dann fing meine Zeit mit den beiden an. Dann waren ihre Bedürfnisse da. Und der ganze Haushalt. Und abends weggehen konnte ich nicht, um mal abzuschalten oder was anderes zu sehen, weil ich die Kinder natürlich nicht allein lassen konnte.

Die Ablösung vom Kindergarten, das ist wie ein Stück eigenes Fleisch aufgeben, etwas totschlagen in sich selbst. Ich hasse die neuangestellte Kindergärtnerin – die ich selber ausgesucht habe –, obwohl ich weiß, daß das dumm ist, ich kann sie einfach nicht ausstehen. Ich kann einfach nicht loslassen ...« Sie weint, und dicke Tränen fallen auf ihre Hände, die doch sonst unablässig zupacken. Ihr Gesicht. Ihr Gesicht, in dem sowieso keine Symmetrie, kein Ebenmaß ist, scheint plötzlich auseinanderzufließen, wie von innen zerrissen auseinanderzustreben, fassungslos.

»Ich kann nicht mehr, ich war so viel krank im letzten Jahr, dauernd über längere Zeit krank. Dann kündigten alle Kolleginnen meiner Generation in der Krippe. Ich fühlte mich verlassen; alle verlassen das Schiff, dachte ich, nur ich soll aushalten. Ich bin nicht mehr so stabil wie früher, ich bin müde, anfällig, überfordert, überlastet. Und alle Verantwortung allein tragen, alles allein organisieren, jeden Tag, jeden Schritt, die Zukunft der Kinder, meine Zukunft ... Ich will es ja nicht anders haben, es ist ja gut so wie es ist, das ist mein Leben, so wie ich es mir selbst eingerichtet habe. Ich geb' nicht auf. Irgendwie geht es weiter, aber oft weiß ich wirklich nicht wie. Da sind sie, all die Probleme, sie rücken enger und enger um mich zusammen und erdrücken mich fast. Ich muß Arbeit finden. Aber ich bin zu erschöpft, um Arbeit zu suchen, um die Lage realistisch einschätzen zu können. Und die Kinder! Anton kommt in die Schule. Wie soll ich das organisieren? Wo soll er hin, wenn ich arbeite? Im Hort ist alles voll, Tagesmütter sind rar, und ich kann nicht viel bezahlen.

Ich muß rumtelefonieren und machen und mit den Kindern spielen und mich bewerben und mich vorstellen in diesem Zustand, wo mir ständig die Nerven durchgehen. Die gehen mir einfach durch. Meine Haut ist dünn, und Anton ist auch so ein Wesen ohne Haut ... Da heult sie und schreit sie, die kleine Margot, oh, wie ich sie dann hasse, diese wehleidige, zeternde Margot.«

Die Tränen haben den grünen Lidschatten verschmiert, und sie wischt mit den Händen über ihr Gesicht, wirklich wie ein kleines Kind, aber das Gewitter ist vorüber. Ihr Gesicht wird wieder ruhiger, auch das Soufflé fällt ihr gerade noch rechtzeitig wieder ein.

»Ich verausgab' mich immer so total bei allem. Nachher bin ich dann ganz erschöpft, ausgebrannt. Warum ist Selbstverwirklichung so schwer? Mit Freude und Glück hat das nun weiß Gott nichts zu tun. Ich finde es manchmal entsetzlich, aber ich weich' da einfach nicht zurück. Nur, daneben gibt es auch die kleine Margot, die nur eines will: daß sie einer schützt und in die Arme nimmt und tröstet. Die will es einfach warm haben und geborgen sein. Das Leben braucht einen auf ...«

Und schon macht sie eine Handbewegung, wischt vom Tisch, was sie nicht braucht, auch die arme, kleine Margot.

»Eigentlich ist es ganz klar, daß ich noch mal was lernen will. Dieses Gefühl wird immer stärker in mir. Klar, erstmal muß ich jetzt eine Stelle annehmen, aber möglichst nicht wieder als Kindergärtnerin, davon hab' ich genug. Aber dann will ich noch mal auf die Schulbank. Und nicht als alleinerziehende Mutter ärmlich mein Dasein fristen, sondern in einer leitenden Stellung arbeiten. Herrgott, nicht so bescheiden, auch wenn die Verhältnisse schwierig sind. Ich will schon was zu sagen haben. Das entspricht doch auch meinen Erfahrungen und meinem Alter.«

Ich denke an Anni und die Gärtnerei. Ob Margot es mit Anton und Mark ein bißchen so macht wie Anni mit ihren

Kindern, wenn sie aufs Feld gefahren ist? – »Na ja, es ist nicht ganz unähnlich. Aber immerhin war ich in Sichtnähe und konnte doch immer wieder da sein, wenn die Kinder mich brauchten. Deshalb wollte ich ja auch eine Arbeit, bei der ich sie mitnehmen konnte, wo ich sie wenigstens bei mir haben konnte ...«

Was sie über Emanzipation und Feminismus denkt? Ihre Nase streckt sich noch aufsässiger in die Luft als sonst.

»Der Feminismus als Bewegung ist völlig an mir vorbeigegangen. Meine Mutter, die war so emanzipiert, das gibt's gar nicht, was sollte mir da noch vorgeführt werden? Später hat sie mal gesagt, den Vater, den hätte sie wieder geheiratet. Ein Leben lang hat sie zu dem Mann gehalten, den sie ursprünglich gar nicht heiraten wollte. Welche Frau hat schon so eine Mutter, die dann auch noch einen Großbetrieb managt, eine begehrenswerte Frau ist, Geliebte am laufenden Meter hat und im Bett eine ungeheure Nestwärme verbreitet? Von all dem ist was bei mir hängengeblieben.

Aussehen, Schmuck, Attraktivität, Schminke, das alles ist für mich wichtig. Man kann auch attraktiv sein ohne viel Geld. Mein Körper ist mir wichtig und das Körperliche. Das ist unabdingbar, bei allen Frauenfreundschaften – ich werde immer den Wunsch haben, von Männern begehrt zu werden.

Geborgenheit, Erotik, Liebe: Das sind für mich Themen. Ich hab' immer zugegeben, daß ich bei einem Mann Schutz suche. Das heißt nicht, daß ich nicht vieles selber kann. Ich kann unheimlich viel selber. Das hat damit nichts zu tun. Liebe ist für mich wie Hunger. Das ist notwendig zum Leben, daß man liebt; diese Gefühle müssen wir produzieren, das gehört zu den menschlichen Notwendigkeiten. Auch wenn man nicht mehr weiß, was Liebe eigentlich ist. Nach den vielen Erfahrungen, die man gemacht hat. Man verliert halt die Unschuld, und Liebe, die hat mit Unschuld zu tun. Vielleicht gibt es das gerade noch, wenn man den Satz sagt: ›Ich liebe dich.‹ Im nächsten Moment, wenn man dann denkt, ja, so

111

und so liebe ich ihn, ist es schon vorbei mit der Unschuld. Liebe hat für mich mit Religion zu tun. Vielleicht könnte man sagen, es ist etwas Unfaßbares, was wir nicht haben, aber anstreben müssen. Dieses Gefühl hat schon auch ein bißchen in meiner Beziehung mit Norbert Platz – das ist der Mann, mit dem ich jetzt befreundet bin –, dieses: ›Ich liebe dich‹, aber sparsam verwendet. Nicht, weil es mit Norbert nicht gut wäre, aber ich bin da doch realistisch. Man muß sich real einrichten auf Hunger auf Liebe. Norbert gibt mir sehr viel: Geborgenheit, das Gefühl, er will mich so wie ich bin: immer auf der Suche.

Manchmal möchte ich Norbert gern heiraten. Aber wünschen und machen – da steht mein Realitätssinn dazwischen. Ich bin egoistisch und lieber Geliebte als Frau und Mutter. Auch wenn ich ohne Probleme zehn Kinder großziehen könnte.

Aber eigentlich möchte ich – wenigstens zur Zeit – nicht mehr mit einem Mann zusammenziehen. Für alles, nur nicht für Streitereien ist die Liebe da. Und die kommen, unausweichlich, wenn zwei einander dreinreden. Das will ich nicht mehr, daß mir jemand reinredet oder sagt, ›sag' mal deinem Sohn, er soll ...‹

Norbert möchte schon heiraten und auch noch Kinder mit mir haben. Ich nicht. Ich weiß, wie das ist. Die beiden, die ich habe, genieße ich sehr. Nicht, daß ich mich nicht einfühlen könnte in die Situation, ein Baby zu haben. Aber ich will nicht mehr. Den Norbert möchte ich allein haben, den will ich nicht teilen, das sage ich ganz klar. Und es hat auch mit Geld zu tun. Nochmal ein Kind – das würde ich nur tun, wenn ich ganz viel Geld hätte. Es ist zu mühsam, mit wenig Geld und der Arbeit daneben. Und arbeiten will ich.

Aber wenn man dann mal krank wird, ein Kind krank wird ... Ich kenn' doch meine Nervenzusammenbrüche. Norbert hab' ich nie eingespannt für die Kinder, das hab' ich schon allein geregelt. Man kann nicht alles haben. Aber es ist unvorstellbar schwer, allein als Frau Kinder zu haben, man weiß vorher nicht, wie sehr. Und viel Geld ist bei uns nicht da, also ist die Frage ganz klar beantwortet. Einen Bauch haben und Kinder kriegen können, das ist schon was. Aber der Alltag, der ist eben auch was.«

Sie hat den Ellbogen aufgestützt und sich selber beim Schopf genommen. »Ich hab' noch Erdbeeren und Sahne. Und Kaffee und Brandy ...

An die große Liebe hab' ich schon immer geglaubt, und da glaub' ich auch heute noch dran. Mit zwanzig bin ich ihr begegnet, ja, mit gerade zwanzig. Ich war noch Jungfrau, und er war dreißig, ein so reifer Mann, fand ich, und mich selbst fand ich total unreif. Ich fand, ich war ihm nicht ebenbürtig. Er war einer der Anführer der Studentenbewegung, links und aus bestem Haus, elegant, attraktiv, mit einem Auto wie es bessere junge Herren haben, sah ein bißchen aus wie James Dean. Eine Freundin hatte er natürlich auch. Ich sah ihn bei den Kundgebungen, Demonstrationen, Basisgruppensitzungen, bei denen ich selber mitmachte. Ich war voll dabei, '68. Das ist die Liebe, dachte ich, das ist es nun. Dem will ich gehören. Aber erst mußte das auf die richtige Ebene gebracht werden, erst mußte ich mich entjungfern lassen. Von ihm? Niemals! Dann hätte ich nie gleich zu gleich mit ihm gestanden.«

Ihre Stimme nimmt alle Nuancen des Dramatischen an. »Ich brauchte einen, der mich entjungfert. Das war aber gar nicht so einfach, denn was ich so lange aufgespart hatte, wollte ich jetzt auch nicht einfach so ohne Zuneigung und ein gewisses Maß an Gefühlen wegschmeißen. Ich wählte dann einen aus, auch einen Linken, den ich gut leiden konnte. Als nach besagtem Ereignis nichts weiter mit uns lief, war er enttäuscht; er hatte mehr erwartet ...

Dann war es soweit. Die große Liebe saß im Wohnzimmer; ich wohnte damals in einer Wohngemeinschaft mit einer Freundin zusammen. Wir tranken Alkohol und haschten, und schließlich landete er in meinem Bett: Für mich war es das absolute Glück, ich war wirklich wie von Sinnen; das war die einzige, wahre, richtige Hochzeitsnacht meines Lebens. Die Hingabe. Das Verschmelzen. Das Alles. Ich mußte raus, auf die Straße, herumlaufen, ich war so außer mir. Am nächsten Tag bat ich ihn, in ein Café zu kommen, ich müsse mit ihm sprechen. Er fuhr im Wagen vor, ach, so elegant, so schön. ›Ich hab' keine Lust auf Scherereien‹, sagte er kühl, ›Frauen, die nachts davonrennen, mich herzitieren und so weiter ...‹ Dann wurde er der Freund meiner Freundin, mit der ich zusammenwohnte. Die große Liebe hat vierundzwanzig Stunden gedauert. Dann war sie weg. Auch bei mir.

Der nächste war Rolf, auch ein prominenter Linker. Ich bin in seine Wohngemeinschaft eingezogen. Mit ihm, das fühlte sich auch an wie Liebe, sexuell war es die beste Beziehung, die ich bisher hatte. Ich war richtig glücklich mit ihm. Nach sieben Monaten sagte er: ›Jetzt ist's genug.‹ Ich sah dann die Frauen morgens aus seinem Zimmer kommen, Nummer eins, zwei, drei, vier ... Das war eine unsanfte Landung ...

Manfred, den Vater von Anton, wollte ich zuerst gar nicht haben, der war einfach da. Manfred war wie ein Hund. Lief immer hinter mir her.

Der Sommer, das ist für mich *die* Zeit, da hab' ich immer Männer aufgerissen; im Herbst läßt das dann nach. In dem Sommer, in dem ich Manfred kennenlernte, hatte ich gerade einen neuen Freund, und ich war gar nicht an Manfred interessiert. Er kam trotzdem immer, stellte Blumen hin, ließ sich abweisen, kam wieder. Der meinte *mich* und wollte keine andere. Ich gewöhnte mich daran, daß er da war, aber ich dachte nicht daran, irgendwelche Rücksichten auf ihn zu nehmen. Ich plante den Umzug in eine neue, eigene Wohnung, ich schuftete wie wild im Kindergarten, um alle meine Ideen zu verwirklichen, ich wollte die Welt sehen. Ich war in Südamerika gewesen, hatte auf den kanarischen Inseln gearbeitet, war als Au-pair-Mädchen in Irland gewesen. Und in diesem Jahr wollte ich nach Indonesien. Als ich im Flugzeug saß und Manfred nicht mehr gesehen hatte, weil er auf dem Weg zum Flughafen im Verkehr steckengeblieben war, litt ich. Mir wurde klar, daß er mir schrecklich fehlte, daß ich verliebt in ihn war. Und wie. In Indonesien bekam ich Fleckfieber, die Heimwehkrankheit der Soldaten. Ich konnte nicht dagegen behandelt werden. Gegen mein Heimweh nach Manfred war kein Kraut gewachsen. Ich flog heim.

Wir fühlten uns beieinander geborgen, wir schlüpften zusammen ins warme Bett wie zwei Kinder, die Angst vor dem Alleinsein haben.

Manfred war immer da und blieb bei mir. Und ich wollte bei dem Kind bleiben, das wir bekamen. Ich blieb ein Jahr zu Hause, dann nahm ich Anton mit in den Kindergarten. Dann kam Mark. Manfred und ich haben uns vor ein paar Jahren getrennt; er konnte die Frauen nicht in Ruhe lassen, er mußte mit allen was anfangen.«

Sie denkt nach.

»Ich habe es moderater gemacht als meine Mutter, aber ähnlich ist es schon. Die Kinder erleben was ähnliches wie ich damals: einen schwachen, nicht verfügbaren Vater, eine starke, vitale, ständig organisierende, den Laden schmeißende Mutter mit ihren Liebhabern. Es ist schon anders. Aber doch noch ähnlich ...«

Wir sitzen jetzt wirklich beim Brandy, den hat sie am liebsten. Draußen, über dem Balkon, in den Baumkronen, ist es Nacht geworden. Sterne flackern. So stark und hell wie auf dem Land leuchten sie nicht, aber immerhin. Und wir schauen da hinauf und versuchen, alte Träume wiederzufinden und so zu tun, als könnten wir in die Zukunft blicken.

»Also, die Kinder wären natürlich groß und aus dem Haus, stelle ich mir manchmal vor, und dann phantasiere ich, ich träte in ein Kloster ein. Diese Nonnenphantasie, wie ich sie nenne, habe ich oft, den Wunsch nach Strenge, Religiosität und Askese. Der taucht immer wieder auf. Das Faszinierende an der Vorstellung ist das Gefühl, in eine Gemeinschaft einzutreten – soziale Kontakte muß ich einfach haben, sonst gehe ich ein – und der Gedanke einer festen Ordnung, einer strengen Ordnung. Ich brauche und liebe Ordnung. Natürlich fällt mir da irgendwie auch mein Vater ein ... Das Ritual, der festgefügte Tagesablauf auf die Minute, die Sammlung, Konzentration, auch die Anstrengung dabei. Aber diese Phantasie macht mir auch angst.

Es gibt aber noch eine andere Phantasie, und die habe ich seit meiner Kindheit nie verloren: daß eines Tages der Richtige kommt. Schon immer dachte ich, daß das spät passieren würde. Als Kind stellte ich mir vor, so wenn ich dreißig bin (das war natürlich unheimlich alt damals für mich); jetzt glaube ich, es wird mir zwischen Mitte fünfzig und sechzig passieren. Fest stand für mich immer, daß man diesen Mann nicht suchen kann, er begegnet einem, und ich wußte immer: Wenn er dir gegenübersteht, spürst du es und zögerst nicht: Das ist er. Ich bin mir ganz sicher, daß ich es sofort erkenne, da gibt es keinen Zweifel. Manche Wege im Leben sind ganz schnurgerade, bei allem Chaos.

Ich würde nie auf diesen Mann warten. Mein Leben ist auch ohne ihn etwas wert. Ich trauere ihm auch nicht nach, wenn er nicht kommt; ich verpasse nichts, nur wegen dieser Phantasie. Ich mache alles so, wie es mir jetzt richtig und gut erscheint. Ich bin mit Norbert befreundet, und das ist gut. Vielleicht bleiben wir für immer zusammen. Aber ich mache Norbert auch nichts vor. Wir machen zusammen, was zwischen uns möglich ist.

Wie dieser Mann sein müßte, der Richtige? Mir ebenbürtig in dem, was er vom Leben gesehen hat. Er müßte viel vom Leben wissen ... Dann würde ich alles riskieren, keine Einschränkungen machen, endlich und zum ersten Mal heiraten, zehn Kinder kriegen ...

Manfred?« Sie schüttelt den Kopf. »Nein. Der war es nicht,

bei all der Liebe, bei den neun langen Jahren. Ich wußte immer – heiraten, nein. Das hätte ich gespürt, wenn es hätte sein sollen. Was ich als Kind wußte, gilt immer noch. So wie das Kind Margot war, so bin ich noch heute.«

Sie packt mich am Arm und gestikuliert im Dunkeln weiter.

»Ich wollte schon immer alles wissen, am eigenen Fell verbrannt werden. Das ist egal, wenn es wehtut. Daß was wehtut, bin ich gewohnt. Im Schmerz spürt man sich, ist man sich selbst nah. Eigentlich ist mir mein Körper immer noch zu wenig nah. Ich trag' die Vagina so mit mir rum, na, ohne sexuellen Bezug irgendwie. Ich ziehe mich ja gern verführerisch an, aber tiefer darunter liegt immer noch was brach. Ich hab' wenig sexuelle Phantasien. Aber eigentlich möchte ich die Erotik inszenieren. Den Körper inszenieren. Ich möchte nachts, im Bett, so lebendig sein können, wie ich das tagsüber, im Leben, bin: die starke Margot. Dazu gehört auch Gewalttätigkeit. Das gehört für mich zur Sexualität dazu, das Sadomasochistische. Wo hab' ich als Kind denn was gespürt? Den nackten Hintern, wenn mein Vater mich geschlagen hat. *So* wurde der Körper berührt, das war auch eine Art Beziehung. Das ist jetzt natürlich übertrieben ausgedrückt ... Aber pervers ist etwas erst, finde ich, wenn es nicht mehr das ist, was man sich eigentlich wirklich wünscht. Alle starken Gefühle sind auch schmerzhaft ...

Manchmal könnte ich mir vorstellen, eine Hure zu sein und meine Liebhaber zu haben, um zu sehen, was kommt ... Also brüderlich-schwesterlich-lieb wie mit Manfred, das nicht mehr. Dann lieber geistig. Gar kein Mann, das ist kein Problem.

Sex mit Frauen interessiert mich auch. Irgendwann – jetzt stellt sich die Frage nicht – will ich das ausprobieren. Doch manchmal frage ich mich, so im Alltag, ob ich eigentlich eine eigene Lust habe; wo die steckt, meine eigene Aktivität. Immer hab' ich Lust, unten zu liegen, begehrt und genommen zu werden. Ich bin schon heftig, aber Norbert würde es sicher gefallen, wenn er sich mal von mir verführen lassen könnte ...

Also tagsüber, da bin ich ja aktiv genug, aber nachts, da muß in Zukunft noch was passieren.

Eigentlich fange ich schon an zu welken, wir beginnen zu welken! Aber noch nie habe ich mich so schön gefühlt wie jetzt.«

Ich sehe ihrem Gesicht an, daß sie die Wahrheit sagt.

»Und ich spüre, daß es noch so viel zu erleben gibt. Ob der Richtige noch kommt? Oder ob vielleicht doch Norbert der Richtige ist? Mit siebzig werden wir ja sehen, was ist.«

Sie lacht ihr lautes, schallendes Lachen.

Greta

Lehrerin, geschieden, ein Kind

»Der Tiger steckt noch im Tank«
oder: »... daß jemand kommt, der was von mir will«

Wenn sie den breitkrempigen, dunkelgrünen Hut trägt, mit dem sie fast alle Männer überragt, drehen sich die Leute auf der Straße nach ihr um.

»Das kann ich nicht immer aushalten«, sagt sie, »nur, wenn ich mich sicher fühle«, und sie sieht aus, als ob sie sich gern bei mir unterhaken würde.

Früher hat sie immer Hosen, meistens Jeans, getragen, Männergröße, und wenn sie mal ein Kleid anhatte, sah das aus, als sei sie herausgewachsen: ein zu groß geratenes Mädchen im Kinderkleid. Jetzt wirkt sie elegant und feminin, so daß man die Stoffe gerne anfühlen möchte und dabei an den Preis denkt, und unauffälligen Goldschmuck, der gut zu ihrer bräunlichglatten Haut paßt, trägt sie auch. Mit ihrem Gesicht wußten die jungen Männer wohl nicht viel anzufangen – ähnlich schmal und ohne jedes Polster auf den Knochen muß es schon vor zwanzig Jahren gewesen sein. Wie man mit Blicken Menschen heranwinkt, hat sie erst später gelernt. Ihre Augen sind blau, aber keine Spur von Himmel. Da ist keine Helligkeit, eher ein Wasser, das nur darauf wartet, daß jemand hineinfällt. Dann wird es bodenlos. Mein Blick bleibt an den Lidern hängen, die unten geschminkt sind, als sollte hier Grund gelegt werden. Oberhalb der Augen und abwärts ist schon einiges eingeschrieben, auch in den Augenwinkeln. In diesem Gesicht, denke ich, machen erst die Falten die attraktive Frau.

Greta hat schon eine ganze Karriere hinter sich auf ihren langen Beinen. Was davon geblieben ist?

»Kalter Kaffee«, meint sie, und eine gutbezahlte, sichere Stelle. Sicherheit ist ihr wichtig; auf jeden Fall die Miete zahlen können, ein regelmäßiges Einkommen haben.

Manchmal habe ich das Gefühl, sie steht auf Stelzen, und man muß sie ein wenig stützen, dabei steht sie natürlich ganz sicher auf ihren Beinen mit den hochleistungssporttrainierten Sprunggelenken. Ja, immer auf dem Sprung, stark und schnell und geschmeidig ist sie im Sport ganz an die Spitze gekommen.

»Jetzt paßt das, was ich mache, wie ich mich fühle und aussehe, einigermaßen zusammen«, sagt sie und prostet mir mit dem Rotwein zu, den der Kellner in dem teuren italienischen Restaurant vor uns hingestellt hat, wo wir den Abend mit unserem Gespräch zubringen wollen.

»Aber früher! Ich hab' mir immer hohe Ziele gesetzt, die hab' ich dann auch erreicht, und dann war es eine Nummer zu groß für mich, und ich hatte Angst, die Position gar nicht auszufüllen, die ich erreicht hatte. Die Greta innen war gar nicht, was sie äußerlich war. Da war so eine kleine, zitternde Greta in der großen.«

Die kleine Greta ist immer gern zum Vater ins Bett gekrochen, und die Mutter sagte nichts dazu. Der Vater, ja, der mochte sie, wandern gingen sie zusammen und skifahren, da konnte sie zeigen, was sie konnte, und der Vater war stolz auf sie. Beim Skifahren stach sie die Brüder schon immer aus.

Im Bett, am Sonntagmorgen, war der Vater zärtlich, und die kleine Greta durfte mit ihm schmusen und sich anschmiegen, bis sie merkte, daß der Vater dann plötzlich anders war und ein steifes Glied bekam. Das wurde ihr mit der Zeit unheimlich. Wer sagt »Halt«? Das Kind Greta mußte »Halt« sagen. Und den Mund halten.

Greta streicht wie abschließend die weiße Tischdecke glatt, als wollte sie einen Schlußstrich unter diese Geschichte ziehen. »Meine Mutter, die war in Gedanken woanders, die war bei ihrem erstgeborenen Sohn, der ihr mit vier Jahren unter den Händen weggestorben war. Sie trauerte, solange ich zurückdenken kann. Ich habe nie ein nahes Verhältnis zu meiner Mutter gehabt.«

Ich möchte nun aber doch mehr über die Eltern wissen. Und Greta erzählt und sammelt dabei Brotkrümel auf:

Die Mutter, ein Bauernkind, war mit vier, fünf Jahren Vollwaise geworden. Die älteste Schwester führte den Hof allein weiter und zog die Geschwister auf. Gretas Mutter wurde Saisonarbeiterin, schließlich Büglerin in einem Hotel. Ein Gärtner des Hotels verkuppelte das Mädchen mit seinem Freund: Das war Gretas Vater. Der wäre gerne Elektriker geworden, hatte aber als einziger Sohn im väterlichen Baugeschäft eine. Maurer- und Gipserlehre machen müssen. Während seiner Lehrzeit starb die Mutter qualvoll an Krebs; der Junge pflegte sie bis zu ihrem Tode. Etwas später mußte er die Lehre abbrechen, weil sein Vater Brankrott machte. Gretas Vater wurde Handlanger, Laufbursche. Sein Traum war eine sichere Stelle mit Pension, möglichst bei der Stadtverwaltung. Er schaffte es, wurde Tramführer, heiratete Gretas Mutter und wurde bald Soldat. Der Zweite Weltkrieg brach aus. Der erste Sohn wurde noch im Krieg geboren, nach Kriegsende folgten zwei Söhne und dazwischen, als drittes Kind, Greta.

»Immer stand uns das Bild des toten kleinen Bruders vor Augen, und wir ahnten, daß wir ihn nie würden ersetzen können. Dieser tote Bruder hielt unsere Mutter besetzt, für immer, solange ich zurückdenken kann.«

Mit ihrer eigenen Trauer beschäftigt, überließ die Mutter den Vater seinen depressiven Stimmungen. Durch die dünnen Wände der kleinen Wohnung hörte die kleine Greta aber manchmal ein merkwürdiges Stöhnen. Glücklich, meint sie heute, sind die Eltern im Bett wohl nicht miteinander gewesen ... Das Geld war knapp, reichte kaum bis zum Monatsende. Dann gab es nur noch Kartoffeln und nichts dazu. Greta war aber eine gute Schülerin, begabter als die Brüder, und durfte Lehrerin werden. Sie spielte Geige, fuhr Ski und glänzte im Hürdenlauf. Wie von allein wurde aus ihr eine Sportlerin. Eigentlich wäre sie gern Grafikerin geworden, sie ist fasziniert von Formen und Farben, aber der Wunsch nach Bewegung war halt immer schon da, lag näher am Weg. Bewegung – die ist auch verbunden mit den positiven Erfahrungen mit dem Vater, den gemeinsamen Unternehmungen und Anstrengungen.

»Eigentlich«, sagt sie und guckt mich über den Tisch hinweg an, »dachte ich, das müßte auch in der Liebe so ähnlich sein: daß man etwas zusammen unternehmen, zusammen tun kann. Meine Zukunftsträume, als ich achtzehn, zwanzig war, waren absolut traditionell: heiraten und Kinder kriegen.«

Sie lernte aber keinen Mann kennen. Das machte sie unruhig, und ihre Erfahrungen mit Männern waren auch nicht gerade aufmunternd: Die Cousins zwangen sie, ihnen beim Onanieren zuzusehen, ein Onkel versuchte sie gewaltsam zu mißbrauchen; in Panik lief sie davon. Wieder hielt sie den Mund. Männer, die bedeuten für sie reine Sexualität, Mißachtung ihrer Wünsche und Bedürfnisse, Gewalt. Und gleichzeitig ist sie so stark, so groß ...

»Nichts gab es mit den Jungen. Alles konnte ich besser, das war es ja. Schneller skifahren, laufen, schwimmen ... immer war ich besser. Es schien immer nur Konkurrenz zu geben. Da hat sich keiner in mich verliebt. Ich konnte keine Erfahrungen machen, die die anderen Erfahrungen hätten mildern, vergessen lassen können. Es war mir im wahrsten Sinne des Wortes keiner gewachsen. Und das ist irgendwie heute noch so ...«

Ihr sonst so herausfordernder Blick ist traurig geworden. »Seit der Pubertät habe ich meinen Vater seiner Schwäche wegen verachtet. Ich begriff, daß er immer nur hinter mir stand, wenn es dazu keiner Standfestigkeit bedurfte. Er verriet mich, er ließ mich fallen, wenn er wirklich für mich hätte einstehen müssen.« Auch so waren die Männer.

»Ich habe schon früh Beziehungen zu Frauen gehabt, das fing schon in der Schule an. Mit Frauen kam ich besser klar, da fiel es mir auch leicht, den ersten Schritt zu machen. Das war aber alles ganz heimlich. Lesbische Beziehungen in einer kleinen Stadt vor zwanzig Jahren – unmöglich!«

Als Greta ihren späteren Mann kennenlernte, wunderte sie sich nicht, daß er wenig auf sie einging, sie dachte, so sei das mit den Männern, und so sei das mit der Ehe. *Sie* drängte schließlich auf Heirat, auf normale, ordentliche Verhältnisse, und es wurde auch kirchlich geheiratet. Auf den Hochzeitsfotos hat ihre Gestalt etwas rührend Unschuldiges, Hölzernes: Da steht nicht das junge, erwartungsvolle Mädchen, die Unschuld als Klischee, sondern ein Mensch, dem alles fremd ist, was hier vor sich gehen soll.

Greta tat, was man von ihr erwartete. Als Lehrerin verdiente sie ihr Geld, als Leistungssportlerin machte sie Karriere. Sie war ständig im Training, ständig auf Meisterschaften. Leistung bestimmte ihr Leben. Sie erlaubte sich keine Laster, kein Absacken. Mit jedem Gramm Gewicht und mit der Stoppuhr wurde auch ihr Leben kontrolliert.

Sie bekam Anerkennung. Eigentlich wollte sie Zärtlichkeit. Ihre Ehe lief nach alten Mustern. Greta fand, ihr Mann reagiere sich sexuell einfach ab. Daraus wurde ein Kind. Die anderen Männer betrachteten sie mit Vorsicht und Abstand: Sie schien auf keinen Fall unterliegen zu wollen, zu kühn für den Hausgebrauch, zu wenig handlich für ein Abenteuer. Sie entdeckte, daß ihr Mann homosexuelle Verhältnisse hatte. Das Kind wurde geboren. Greta arbeitete ohne Pause weiter, trieb weiter Sport. Sie verließ sich nicht auf ihren Mann, lieber auf sich selbst. Sie bekam einen zusätzlichen Lehrauftrag an der Universität der Stadt, wo sie inzwischen mit ihrem Mann wohnte. Aber Kinder kriegt man nicht spurlos. Sie mußte mehr trainieren, um denselben Leistungsgrad zu halten, und sie wurde rascher müde. Greta bekam Angst, nicht mehr Nummer eins bleiben zu können. Stück für Stück gab sie den Leistungssport auf. Der häusliche Kampf drehte sich um die gerechte Verteilung der Pflichten: Kinderhüten, Arbeit im Haushalt, Geld verdienen. Denn auch ohne den Sport: Sie und ihr Mann waren nach wie vor beide berufstätig.

Mit einem Mann zusammenzusein, das war für Greta immer noch der reine sexuelle Akt ohne Genuß, ohne Lust. Erotik holte sie sich bei Frauen, auch jetzt, in der Ehe. In den Beziehungen, die sie zu Frauen knüpfte, machte sie den ersten Schritt und übernahm den männlichen Teil des aggressiven Begehrens.

Ist sie eine Feministin? Nicht im landläufigen Sinn. Im Sport, im Beruf paßt sie sich den männlichen Leistungsnormen absolut an; sie ist ehrgeizig, selbständig, unabhängig, steht äußerlich eher ihren Mann als ihre Frau. Innerlich lebt sie in einer Welt der Frauen, ohne ganz dazuzugehören, denn sie ist es, die für die Frauen als männlich-weiblicher Eroberer auftritt, als Frau in eine Männerrolle schlüpft, um ihre weiblichen Gefühle ausdrücken zu können.

Greta beschloß endlich, sich von ihrem Mann zu trennen. Das Kind blieb bei ihr. Sie aktivierte alte Beziehungen. Eine frühere Freundin, wie sie geschieden, zog mit ihrem Kind zu ihr. Plötzlich ließ sich der Alltag besser regeln: Beide Frauen wußten, was es heißt, ein Kind zu haben und trotzdem berufstätig zu sein, was es heißt, für einen Haushalt zu sorgen. Die Kinder vertrugen sich gut, das Verhältnis der Frauen festigte sich.

Dann nahm Greta noch einmal einen großen Anlauf, sie begann eine psychotherapeutische Ausbildung. Die Beziehung trägt auch diese Belastung mit. Langsam beginnen die beiden Frauen, ihr Zusammenleben und ihre Zuneigung zueinander zwar nicht gerade zu demonstrieren, aber auch nicht mehr zu verheimlichen. Trotzdem: Manche Schranken bleiben. Es tut weh, zu offiziellen Festen, zu denen der Partner mit eingeladen ist, nicht die Geliebte, die Freundin mitbringen zu können. Offiziell ist Greta alleinstehend. Sie wird auch nur langsam in der Familie der Freundin akzeptiert – Weihnachten feiert man nur im engsten Kreis.

Was sagen die Kinder zu der Lebensform ihrer Mütter? Sie, so scheint es, blenden die Tatsache, daß ihre Mütter eine sexuelle Beziehung miteinander haben, aus. Nehmen aber nicht gerade Kinder so etwas sehr genau wahr? Und so ganz klein sind die Kinder ja auch nicht mehr. Greta und ihre Freundin rechnen mit Fragen und mit Problemen. »Wir versuchen ehrlich zu sein, Konflikte miteinander zu besprechen, die Bedürfnisse der Kinder und unsere Wünsche auseinanderzuhalten und auch manchmal getrennt – jede mit ihrem eigenen Kind allein – etwas zu unternehmen.«

Wenn ich in Gretas Augen sehe, und ich komme nicht umhin, denn was sie nicht ausspricht, soll man dort ablesen – komme ich ins Phantasieren. Gretas Leben ist ordentlich, überschaubar und steht auf soliden Füßen, trotz Scheidung und lesbischer Beziehung. Oder geht die Rechnung etwa doch nicht auf?

»Das beschäftigt mich schon lange, daß ich mir nicht mal eine verrückte Phantasie, einen Traum erlaube. Dabei ist tief drinnen doch der Teufel los, und meine sexuellen Phantasien galoppieren nur so, ob erlaubt oder unerlaubt. Eigentlich will ich den Exzeß, den sexuellen Rausch. Im Grunde bin ich maßlos, ein Faß ohne Boden. Anklammern, festhalten, ansaugen, verschlingen. Ich bin unersättlich, mir ist es nie genug. Mir fällt es schwer, in einer Beziehung zu bleiben, in der Sexualität dosiert, zugeteilt, aufgespart, in Grenzen gehalten wird. Das war nicht immer so, aber jetzt ist das mein Problem mit Eva. Ich glaube nicht, daß sie im Innersten so ist, aber zur Zeit – auch, um mit ihren Problemen fertigzuwerden und mit meinem ständigen Ansturm, gegen den sie sich wehren muß

– ist Eva sehr zurückhaltend. Sie wägt ab, macht Rückzüge, fühlt sich bedrängt, läßt sich erobern; und ich immer hinter ihr her. Ich, immer ich muß um sie werben, sie verführen ... Unternehme ich nichts, kommt von ihr nichts, und dann findet einfach nichts statt. Und so ohne Anfassen, das schaff' ich fast nicht. Eva hält zu mir, sie liebt mich, auch wenn im Bett nichts passiert.

Ich muß das erst lernen. Ich mußte immer jemanden haben, oder ich hatte das Gefühl, allein zu sein. Vielleicht ist das alles Angst. Angst, nicht gewollt zu werden. Aber die andere Angst ist genauso groß: die Angst, sich aufzulösen, die Konturen zu verlieren, die Angst, daß alle Grenzen sich verwischen. Aber genau das will ich dann doch wieder erleben; wie süchtig bin ich danach ...

Eva und ich, wir sind so eingespannt, unser Leben ist so organisiert – schon durch die Dreifachbelastung Kinder, Beruf, Haushalt –, und dann kommt noch die Ausbildung dazu – wo soll da unser Liebesleben, unsere Beziehung bleiben? Unser Zusammenleben ist so ordentlich ... Manchmal möchte ich über die Stränge schlagen, aber wenn ich dazu Gelegenheit hätte, bin ich zu müde.«

Sie zögert.

»Wahrscheinlich ist das auch nur eine Ausrede.« Sie schweigt eine Weile. »Wenn einer untreu ist, dann bin ich das. Das ist schwierig. Das bedrückt mich. Daß ich die bin, die den Drang hat, die Situation zu sprengen. Dabei ist die Beziehung mit Eva das Rundeste, Schönste, was ich bisher erlebt habe. Wir haben Ruhe, Frieden gefunden in den letzten gemeinsamen Jahren. Nicht nur wir selber, auch die Kinder brauchen das dringend. Ich kann das jetzt gefestigte Zuhause nicht einfach so aufs Spiel setzen. Aber es ist auch wahr, daß ich neugierig bin, daß ich Lust auf Abenteuer habe, daß ich Lust habe, Männer kennenzulernen. Eva und ich, wir sprechen auch darüber. Auch für Eva ist das Kapitel Männer ganz und gar nicht abgeschlossen, obwohl wir uns lieben. Ich lerne jetzt andere Männer kennen als früher. Mit denen auch ein Gespräch, mit denen Erotik möglich ist, bei denen ich mir Zärtlichkeit im Bett vorstellen könnte. Ob ich's könnte, nochmal mit einem Mann? Mal sehen. Ich glaube, ja. Ich glaube, mit Männern fange ich jetzt erst an.

Ja, Selbstverwirklichung. Das fängt alles überhaupt erst an. Mein ganzes Leben fängt jetzt erst richtig an. Ich habe gerade erst angefangen zu leben. Manchmal denke ich, wie viele Jahre ich vergeudet habe ... Aber was soll's! Es mußte wohl so sein. Hinter mir liegt ein halbes Leben, das nur Leistung war. Jetzt soll noch was kommen: das eigentliche Leben, und das liegt vor mir. Die Hälfte meiner Zeit ist um. Aber eine Hälfte liegt auch noch vor mir.

Arbeit war für mich von klein auf nichts, was Freude macht. Arbeiten ist bitter, arbeiten muß man, um die nackte Existenz zu sichern. So habe ich es zu Hause gelernt. Mein Vater hat sich nur eines gewünscht: Sicherheit. Und gerade diese Sicherheit hat er sich selber wieder zerstört, weil er getrunken hat.

Sicherheit, das Wort ist immer noch wichtig in meinem Leben. So etwas kann man nicht einfach abstreifen. Aber sie soll nicht mehr so übermächtig sein, nicht mehr alles andere unterdrücken. Ich möchte lieber meiner selbst sicherer werden. Das schließt nicht aus, daß ich Sehnsucht habe nach einem Vorbild, nach jemandem, der mich hält und nicht fallen läßt, nach einem starken Vater, nach einem anderen Vater als mein Vater war.

Daneben wächst langsam innere Sicherheit in mir. Die Arbeit bekommt einen anderen Sinn. Die therapeutische Arbeit gibt mir auch einen Sinn für mich selbst, sie gehört zu mir, ist ein Teil von mir, ist nicht nur Kampf ums Brot. Ich arbeite therapeutisch nicht nur, weil ich Geld *haben* muß, sondern auch, weil ich etwas *geben* kann. Das geht aber nur, wenn innen was ist. Das ist schon die große Angst bei mir: Innen ist nichts. Da kommt nichts. Innen könnte das Loch sein.

Darum will ich ja auch immer mit jemandem verschmelzen, damit das Loch verschwindet. Das hängt alles mit dem Selbstvertrauen zusammen. Alle Siege früher konnten das innere Loch, das ich fühlte, nur für eine Weile stopfen. Immer wieder war es da. Das Loch selber blieb und blieb. Jetzt verkleinert sich das Loch. Ich werde jemand. Eine Frau.

Mein vierzigster Geburtstag war meine eigentliche Geburt. Ich hatte den Wunsch, ein großes Fest zu feiern, mit Musik und vielen Freundinnen und Freunden. Ich hab' mich an dem Tag dreimal versprochen und von meiner Hochzeit statt von meinem Geburtstag gesprochen. Ja, ich war wirklich an diesem vierzigsten Geburtstag eine Braut: Ich hab' mich mit mir verheiratet, versöhnt. Ich habe mich noch nie so wohlgefühlt wie an diesem Fest, das ich für mich selber gegeben habe ... Ich habe mir da was geschenkt, mir einfach etwas genommen. Und was schenken lassen. Daß fast nur Frauen da waren, hat schon gestimmt zu diesem Zeitpunkt. Bei der Geburt ist ja für das Kind auch erst mal das Weibliche wichtig, und die Männer kommen später.

Wenn ich zurückblicke, kann mich das Grausen packen. Nach vorn gucke ich gern. Ich bin neugierig darauf, was alles noch kommt. Zukunft und Selbstverwirklichung, das hängt für mich zusammen. Eine Zukunftphantasie? Eine Vorstellung, was Selbstverwirklichung wäre? Mit einem Menschen gemeinsam alt werden. Zukunft *und* Selbstverwirklichung – beides kann ich nur im Zusammenhang mit einer Beziehung sehen. Ich für mich allein kann mich nicht selbstverwirklichen. Nur auf jemanden hin *und* für mich selbst.

Und dann gehört dazu auch die Arbeit, wie ich sie jetzt erst kennenlerne: auch hier eine Beziehung, Beziehung zur Arbeit, die man macht, und die Arbeit hat auch mit einem selbst zu tun, ist Teil der eigenen Persönlichkeit. Ich arbeite gern therapeutisch mit Gruppen. Gruppen sind mir vertraut aus der Arbeit an der Schule. Die Schule selber halte ich fast nicht mehr aus, diesen Betrieb da, diese Zwänge und den engen

Horizont. Aber einfach kündigen – das würde nicht zu mir passen. Ein festes Fundament, ein sicheres Grundeinkommen, ohne das würde ich mich nicht gut fühlen.

Vor kurzem habe ich aber noch etwas anderes angefangen. Ich lerne Bildhauern. Das ist ein Anknüpfen an frühere Neigungen, als ich noch Grafikerin werden wollte. Ich spür' dort sehr genau, wie die hohen Leistungsansprüche noch immer in mir drin sitzen. Am Anfang war es wunderbar, als absolute Null anfangen zu können. Das war so entspannend! Einfach toll! Ich konnte es ja nicht können. Ich hab' ja noch nie einen Meißel in der Hand gehalten. Jetzt muß ich aber schon gegen meinen Ehrgeiz ankämpfen.

Ich bin ja so groß und dünn und sehnig, aber die Formen, die Figuren, die entstehen, die sind ganz rund und weiblich. Dicke Frauen! Das ist auch in mir, und kein Mann sieht das.

Ich habe die sogenannte männliche Rolle bis oben hin satt. Ich habe keine Lust mehr, zu erobern. Mein allergrößter Wunsch, mein größter Traum wäre, daß einer kommt, der was von mir will. Der mich begehrt. Zu was wäre ich da nicht alles bereit! Ich hab' doch immer nur den Anfang gemacht aus Furcht, keiner würde mich wollen, ich würde sitzenbleiben wie ein Mauerblümchen, also, um der schlimmsten aller Enttäuschungen zuvorzukommen. Jetzt möchte ich jemanden auf mich zukommen lassen können. So viel innere Stärke gewinnen, daß ich abwarten kann, ob einer – und bis einer mich will.

Ob das ein Mann oder eine Frau sein wird – wer weiß? Nachdem ich in diesem Jahr ein paar vorsichtig tastende Beziehungen zu Männern angeknüpft habe, glaube ich nicht mehr, daß ich lesbisch bin, obwohl Frauen mich schon immer angezogen haben. Ich ekle mich ja auch nicht vor Männern. Ob ich mit einem Mann zusammenleben könnte, weiß ich nicht. Wegen der Rollenverteilung im Haushalt und so. Ob es da eine Balance geben kann ohne Rechnerei, eine Verteilung, die sich harmonisch ergibt und beide zufriedenstellt?

Ich hab' da meine Zweifel. Aber irgendwie ist es doch so: Mann und Frau passen zueinander. Frauen sind rezeptiv – nicht passiv, aber rezeptiv. Das ist das Dilemma, wenn zwei Frauen zusammen sind. Und ich will mich nicht mehr anders geben als ich bin. Wenn ein Mann käme, der mich überzeugt, da würde schwer was losgehen, mein Gott, da würde es mich fortreißen. *Die* Kiste ist noch gar nicht geöffnet. Da steckt der Tiger noch im Tank.«

Ich will noch wissen, ob sie sich vorstellen könnte, noch einmal ein Kind zu bekommen.

»Unvorstellbar«, sagt sie. »Jetzt komm' erst mal ich dran und das Kind in mir. Wenigstens im Augenblick ist das so. Ganz klar. Aber in Bewegung ist alles.«

Das kleine goldene Dreieck an dem Goldkettchen, das sie um den Hals trägt, ist wie ein kleiner Wimpel, der im Wind flattern und auf die große Reise will, im Sommerwind.

Ihre Herzrhythmusstörungen sind ein genauer Kompaß für die Fahrt. Sie treten seismographisch dann auf, wenn sie etwas nicht ausspricht, was besprochen werden müßte. Oder wenn sie sich selbst überstimmt, nachgibt, wo sie eigentlich nicht nachgeben möchte.

»Mein Weg«, sagt sie, »ist ein Weg aus der Stummheit in die Sprache. Ich lerne erst, auszusprechen, was ich bin, was ich fühle, was ich möchte. Meine Karriere als Sportlerin konnte ich machen, ohne ein Wort zu sagen. Mich selbst verwirklichen kann ich nur, wenn ich auch Worte finde. Mein Herz spricht sehr deutlich über seine Schmerzen. Es drängt mich, nach Worten dafür zu suchen. Tabletten für das Herz hab' ich immer bei mir, heilen kann ich es nur, indem ich auf es höre.«

Nun geht sie wirklich, und sie winkt mir zu.

Anna

Übersetzerin, zweimal geschieden, drei Kinder

»Das mir gemäße Chaos gefunden« oder: »Ich mache, was ich als fünfjähriges Kind schon am liebsten machte«

»Wenn vierhundert Schafe zusammen ›mäh‹ machen, finde ich, das klingt ganz blöd«, sagt sie. So genau habe ich mir das noch nicht vorgestellt, aber jetzt, wo ich es wirklich gehört habe, finde ich, sie hat recht. Ziegen mag sie lieber. Annas Ziege heißt Lisa und ist etwas unberechenbar, aber damit kommt Anna gut zurecht, die ihre Pläne auch oft aus von außen nicht gleich ersichtlichen Gründen plötzlich ändert. Lisa ist intelligent, mager, neugierig, kann auf den Hinterbeinen stehen und gibt zuverlässig Milch. Sie ist sozusagen ein Kernstück des Hauses, das Anna vor einigen Jahren weit draußen auf dem Land gekauft hat.

»Daß die mir auf der Bank damals das Geld gegeben haben«, darüber wundert sie sich heute noch, denn sie war Ausländerin, schwanger, hatte kein festes Einkommen und schon ein Kind an der Hand. Und kein Kapital. »In Großbritannien geht das. Hier geht überhaupt viel, was in Deutschland nicht geht. Ich kann mir, glaub' ich, nicht mehr vorstellen, woanders zu leben. Die Briten können sich schon viele merkwürdige Dinge erlauben, aber als Ausländer darf man fast alles.« Und daß sie machen kann, was sie will, das ist ihr wichtig, und wie. Hinter dem Ziegenstall sind die dicken Bohnen und die dünnen, ein paar Tomaten und das Kräuterbeet. »Hier geht's ja immer ums Gärtnern, das ist das Nationalhobby. Ich hab' jetzt erst damit angefangen, das war mir bisher zu umständlich. Die Hühner sind ja auch noch da und

131

der Hund und die zwei Katzen. Da hinten auf der Wiese steht das angefangene Blockhaus, das soll irgendwann mal ein Gästehaus werden oder ein Arbeitsraum für mich. Aber so funktioniert das nicht mit der Holzstammkonstruktion, keiner weiß hier richtig, wie das geht. Jetzt machen wir das oben einfach anders weiter.«

Still auf der Wiese, von Wald umgeben, aus dem sich abends mit schwerem Flügelschlag die Vögel heben, steht ihr Haus mit den weiß gekalkten Steinmauern, den rotlackierten Fenster- und Türrahmen.

»Ich bin ausgewandert, ohne viel nachzudenken. Wenn ich erst nachdenke, mache ich gar nichts. Es ging mir damals seelisch nicht so gut, na ja, eigentlich ging's mir schon wieder einigermaßen, jedenfalls ging ich zu einer psychologischen Beratung. Die Frau dort hatte den Eindruck, daß ich mit meinen Problemen eigentlich gut allein klarkäme. Ich redete was von Auswandern, und sie sagte: ›Machen Sie's doch!‹ Da hab' ich's gemacht. Manchmal genügt so ein Satz, als hätte man darauf gewartet, daß irgendwer den endlich für einen ausspricht. Das ist jetzt acht Jahre her. Meine Tochter war drei, und ich hatte erst vor kurzer Zeit angefangen, als Übersetzerin zu arbeiten.«

Aus dem Haus klingt ein Präludium von Johann Sebastian Bach herüber. Daß das Klavier ein bißchen verstimmt ist, muß so sein, finde ich. »Ich spiele unheimlich gern Klavier«, sagt Anna, »auch wenn ich nicht viel kann. Ich hab's Henriette ein bißchen beigebracht ... Hier haben die Kinder ihren Blumengarten ... Wo ist denn die Gießkanne?« Die Gießkanne ist nicht da. Das heißt, sie ist vielleicht doch da, aber Anna sagt: »Ich setz' erst mal Kaffee für uns auf. Ja, klar, Kaffeemaschine und so was ist da. Das wichtigste waren das Auto und Telefon, ich leb' ja hier kein alternatives Modell und keinen Mythos, ich wohn' einfach hier. Eisschrank, Waschmaschine, mit der Zeit kam das her, weil ich es wegen der Kinder brauche. Ach, der Gefrierschrank geht gerade kaputt! Den brauche ich eigentlich nicht, der kann weg, dann ist die Küche freier. Da könnte ich dann … Wunderbar, es ist noch Milch da für den Kaffee. Lisa gibt im Moment nicht so viel Milch, weil ich sie weniger gemolken habe in der letzten Zeit. Ich war eine Weile weg, und dann muß ich schon ein paar Tage vorher die Ziege daran gewöhnen, daß sie nicht gemolken wird, denn nicht jeder, der mein Haus hütet, kann auch melken. Damit Lisa anfing, Milch zu geben, mußte ich sie zum Bock bringen. Es hieß, man müsse das jedes Jahr machen, und auf einmal hatte ich einen Haufen Ziegen. Da gab's kein Blümchen mehr vor dem Haus, alles haben sie kahlgefressen.

So einen Ofen, wie ich ihn hier am Kamin stehen habe, oder Herd, wie man will, haben hier alle Leute. Der hier ist uralt, aber die Dinger sind unverwüstlich. Jetzt habe ich einen neueren bestellt, also der ist auch schon mindestens dreißig Jahre alt. Obendrauf kann man kochen und Wasser heiß machen, innen drin braten, und er ist unser Warmwasserlieferant und unsere Heizquelle für das ganze Haus. Ich müßte noch Brot backen heute, richtig.«

Auf ihrer Hüfte sitzt das Baby, ihr Becken-Knochen steht vor, so dünn ist sie, in der anderen Hand mit den vielen Ringen daran hält sie die großen Kaffeetassen. Sie raucht eine zum Kaffee, mit der Zigarettenspitze. Sie lehnt den Kopf auf langem Hals dabei ein wenig zurück und spitzt leicht den Mund, davon hat sie kleine Fältchen bekommen, und ohne geschminkt zu sein, sieht sie wie eine Dame dabei aus, leicht und elegant. Ich kann sie mir gut vorstellen, wie sie sich vor einem kleinen Spiegel die zierliche Nase pudert und dabei gleichzeitig kritisch nach Pickeln Ausschau hält. Ihre Haare sind lang und dicht, fast kraus, hennarötlich, und da, wo es nachwächst, hellbraun. »Da ist schon viel Grau. Ich muß das nachfärben, oder ich geh' wieder mal zum Friseur, als Geschenk für mich, aber bloß nicht hier im Ort, die haben keine Ahnung.« Das Baby nuckelt an ihrer Brust.

»So lange wie sie hab' ich keins der Kinder gestillt, das Baby ist jetzt fast ein Jahr und ißt praktisch noch nichts anderes. Manchmal finde ich es unheimlich, drei Menschen, drei Frauen gezeugt zu haben. Das fängt so klein an und wird dann groß. Henriette, die älteste, ist jetzt elf und schon mitten drin in der Pubertät. Letzte Nacht habe ich geträumt, Henriette wollte meine neuen Stöckelschuhe anziehen, und ich wollte das überhaupt nicht. Da fängt jetzt etwas Neues zwischen uns an ... Wir gehen uns auch manchmal auf die Nerven zur Zeit.

Gott sei Dank habe ich drei Töchter. Männer, das merke ich immer mehr, sind einfach ganz anders. Und die Mütter machen sie ja irgendwie; aber das sind einfach Welten zwischen Mann und Frau.« Das Baby ist eingeschlafen. Die zwei anderen Kinder spielen draußen. »Ich könnte natürlich das Brot morgen backen, und wir essen heute abend das Knäckebrot. Dann bring' ich die Kinder ins Bett, und wir haben den Abend für uns ...

Abends ist sonst meine Arbeitszeit, von acht bis elf. Ich habe mir einen Computer gekauft. Der Computer war zwanzig Minuten an, da wußte ich, das ist toll, obwohl ich Angst hatte, ich lerne das nie, und schweißgebadet davorsaß. Früher war ich mit meinen Arbeitszeiten unheimlich diszipliniert, schließlich leben wir alle von dieser Arbeit, aber mit dem Baby läßt es sich nicht jeden Tag durchhalten. Ich habe gemerkt, daß es stressiger ist, die Arbeit um jeden Preis durchzusetzen, als sie halt mal ausfallen zu lassen. Dafür mache ich dann am nächsten Tag mehr. Tagsüber hab' ich gar keine Zeit zum Arbeiten, es ist einfach zu viel los. Jetzt haben Henriettes Wellensittiche auch noch ein Junges gekriegt, das mußte ich durchfüttern, das war so winzig. Melken, Hühner füttern, Eier unter dem Hintern der Hennen wegholen, Hund und Katzen füttern, Ziege raus. Ich will mich ja auch nicht tot machen. Früher habe ich das Holz für den Ofen selbst gehackt, das lasse ich aber jetzt machen. Und die Wiese mähen, das mach' ich immer mal so eine halbe Stunde lang. Das geht ganz schnell mit der Sense. Mit dem Kochen mach' ich keine großen Umstände, dafür backen wir dauernd Plätzchen und Kuchen.« Sie sieht nach, ob noch ein bißchen Kuchen da ist, ja, von dem schönen Schokoladenkuchen, den Henriette gestern gebacken hat. »Früher hab' ich noch Ziegenkäse gemacht und Obstwein, aber das ist mir inzwischen zu aufwendig, da muß auch immer alles so hygienisch sein, das ist hier nicht zu machen. Die Katzen haben im Moment Flöhe ...

Aber ich würde gern noch ein Pony für die Familie anschaffen. Vielleicht zu Weihnachten. Die Pferde sind fast das ganze Jahr draußen, und wenn es ganz kalt wird, ist der Ziegenstall groß genug.«

Als die Kinder alle im Bett sind, muß sie noch schnell die Wäsche aufhängen, draußen, neben dem Haus. Das Wetter ist schön, der Abend duftet. Ein Pony vom Schafbauern guckt über den Wiesenzaun, als wollte es uns zuhören. Oder ein Stück Zucker erbetteln.

»Im Herbst wird sich einiges ändern. Henriette will in die Schule, und Josie auch. Sie ist sechs. Bisher habe ich die Kinder selbst unterrichtet, weil Henriette sonst das ganze Walisisch hätte lernen müssen. Und die Schule fand ich auch doof. Das ist wie im letzten Jahrhundert; Jungen und Mädchen streng getrennt – sogar die Lehrerzimmer sind hier nach Geschlechtern getrennt! Wenn die Mädchen auf die Schaukel wollen, müssen sie Shorts unter dem Kleid tragen, und dann hat es geheißen, Mädchen dürfen keine Ohrringe in Ohrlöchern tragen, weil die Jungen die Ohrläppchen ausreißen ... Da habe ich den Unterricht eben selber gemacht. Der Beginn der Schule, das ist auch der Beginn einer natürlichen Trennung der Kinder von mir ... Das bringt auch eine Umstellung für mich.

Die Zukunft, ja ... also richtige Zukunftsträume habe ich nicht. Zuerst ist mal noch für eine Reihe von Jahren das Baby da; wenn Marie achtzehn ist, geh' ich auf die sechzig zu. Sie lacht bei dieser Vorstellung. »Und dann ist ja auch noch Paul da. Er ist jetzt in den Ferien, aber er wohnt schon fast zwei Jahre bei mir, und ich finde es immer noch gut. Ich lieb' den. Seit Ewigkeiten hab' ich wieder mal das Gefühl: Das ist mein Mann. Vielleicht könnte ich sogar noch mal heiraten. Wer weiß? Er ist der Vater von Marie. Ich wollte dieses Baby unbedingt von ihm haben. Er zögerte erst, aber dann wollte er es auch. Kümmert sich auch ziemlich viel drum. Erst hatte ich schon einen Horror, wie ich das mit drei Kindern und der Arbeit schaffen soll, aber jetzt, nach dem dritten, ist ein viertes nicht ausgeschlossen. Na, erstmal reicht's. Ich war damals eigentlich schon zur Unterbindung angemeldet gewesen. Aber dann war an dem Tag das Wetter so schön, da bin ich nicht hingegangen.

Andererseits wird es auch schön sein, wenn das Haus leerer wird, die Kinder groß sind. Die Kinder stellen sich zwar vor, daß sie einfach immer hier wohnen bleiben. Dabei platzen wir jetzt schon ziemlich aus den Nähten in diesem Haus. Einmal wollten wir ein größeres kaufen, und als es so weit war, wollte keiner hier raus. Das ist eben unser Zuhause. Man könnte auch gut allein darin leben, arbeiten, vielleicht auch mehr selber schreiben. Das würde ich gern. Ich bin überzeugt, daß ich das eines Tages auch tue. Ich stelle mir im Moment auch gern vor, Paul alt werden zu sehen. Wenigstens denke ich das, wenn wir uns gerade vertragen. Und jetzt, wo er nicht da ist, vertrage ich mich mit ihm sehr. Ich habe auch einen Zukunftswunsch, der prosaisch klingt: Ich hätte gern ein bißchen mehr Geld, um mir manches bequemer machen zu können. Und zu reisen. In den letzten zehn Jahren konnte ich mir in der Hinsicht wirklich nichts leisten. Auf jeden Fall wird etwas anderes, neues kommen. Das stelle ich mir spannend vor. Als wir zwanzig waren, da haben wir doch geglaubt – weil die anderen uns das erzählt haben –, daß nach dreißig nichts mehr läuft. Ich glaube, es kommt noch wahnsinnig viel. Das hört nie auf. Wenn ich Bilder von früher sehe, da sehe ich älter drauf aus als heute.«

Wie sie da sitzt, in ihrem leichten, geblümten Sommerkleid, weiß ich endlich, daß sie mich an ein Gemälde erinnert, ein berühmtes Bild von Botticelli, das in den Uffizien in Florenz hängt: »Der Frühling« heißt es, und ich habe immer die Anmut, die Leichtigkeit dieser Frauenfigur bewundert, die da als Frühling einherschreitet.

Wir gucken die alten Fotos, die Bilderkiste mit den vielen Annas durch. Ja, mit dreißig war sie dieser Frühling. Und da, mit zwanzig, nein gar nicht. »Mit zwanzig, ja, die Hochzeitsbilder ... Mit sechzehn habe ich Dieter kennengelernt. Gleich nach meinem Abitur, ich war gerade zwanzig, haben wir geheiratet, weil das so ist. Ich wäre damals nie auf die Idee gekommen, ein Leben ohne Mann könnte überhaupt denkbar sein. Meine Schwiegermutter war mein Vorbild. Ich wollte so edel und klassisch aussehen wie sie. Vor der Hochzeit habe ich mir so eine ganz strenge Aufsteckfrisur machen lassen und dann die ganze Nacht mit einem Haarnetz drüber geschlafen, damit nichts verrutscht. Dieter, der bedeutete für mich Zuverlässigkeit, Vertrauen. Ja, und irgendwie machten wir alles, was ein Paar so macht: essen gehen, Freunde einladen, samstags in die Stadt gehen und Kleider einkaufen. Wir haben uns damit auch bewiesen, daß wir es ein bißchen geschafft hatten. Als Dieter mir dann eröffnete, daß er mich verlassen würde – eine Woche später ist er ausgezogen, und die neue Frau hatte er schon seit einiger Zeit – verschwand dieses Gefühl der Zuverlässigkeit wie weggezaubert. Und das ganze perfekte Image unseres Lebens, das wir geführt hatten, mit dazu; mein langes, graues Samtcape und der pflaumenfarbene Alfa Romeo, die Shopping-Days und all diese Viererkonstellationen: Paar trifft sich mit Paar. Und daß alles immer in Übereinstimmung zu geschehen hatte; die Ehe als Totale ..., die Wichtigkeit des beruflichen Erfolgs. Dieter hatte gesagt: ›Alles, was zwischen uns war, muß jetzt für mich sterben!‹ Und das war dann wirklich ein Zusammenbruch aller meiner bisherigen Vorstellungen. Innerhalb einer Woche war alles aufgehoben und vorbei, was seit meinem sechzehnten Lebensjahr gegolten hatte. Da ist auch eine Anna gestorben. Noch mal so etwas wie mit Dieter, das war einfach ausgeschlossen. Dieter und ich hatten keine Kinder bekommen. Dann lernte ich einen anderen Mann kennen, und auf einmal war ich schwanger, auf einmal ging das mit dem Kinderkriegen. Ich freute mich wahnsinnig darüber, und wir beide wollten das Kind, das war Henriette. Wir zogen zusammen, aber es klappte nicht mit uns. Damals beschloß ich, nach Großbritannien auszuwandern, mit Kind, ohne Mann. Ich kannte Wales, war immer begeistert von der Gegend gewesen. Eigentlich tut mir das leid, aber seit Dieter vertraue ich nur noch mir selbst und den Kindern, und so sehen dann meine Entscheidungen auch aus.

Auch im Beruf habe ich alles verändert nach der Scheidung. Nach dem Germanistik- und Anglistikstudium und der Promotion habe ich als Lektorin gearbeitet. Als ich Henriette hatte, merkte ich gleich, daß das nicht mehr ging. Eher hätte ich Maiglöckchen verkauft, nur um Henriette bei mir haben zu können. Mit ein, zwei Aufträgen stellte ich um auf Übersetzungen. Das hieß: riesige Fixkosten, kaum ein Einkommen, die Verantwortung für ein Kind – die völlige Unsicherheit. Alimente wollte ich nicht. Ich konnte mir absolut nichts leisten, aber wir kamen durch. Natürlich habe ich mit dieser Entscheidung auf eine bestimmte Art der Karriere bewußt verzichtet. Im Vordergrund stehen die Kinder, ohne daß ich mich eigentlich für mütterlich halte. Und das stimmt für mich, für diesen Abschnitt meines Lebens. Das heißt nicht, daß die Arbeit unwichtig wäre. Ich brauche die Arbeit sehr. Auch wenn vielleicht das einzelne Buch, das ich übersetze, für sich genommen nicht so wichtig ist. Nur wenn man neben Kindern arbeiten *muß*, gelingt es, Konzentrationsfähigkeit und Sammlung zu bewahren. Sonst wird man von den vielen, verschiedenen Ansprüchen total aufgesplittet. Hausfrauen, das sind doch die aufgesplittertsten Persönlichkeiten, die es gibt! Hektisch. Gehetzt. Auf einmal werden sie mit nichts mehr fertig, obwohl sie eigentlich Zeit haben. Ich freue mich immer auf den Abend, auf *meine* Zeit. Tagsüber wurschtele ich gerne herum, das ist Spielen, der Haushalt selber ist mir nicht so wichtig. Hier und da putz' ich mal ein Fenster zwischendurch, mache die Regale sauber und so. Manchmal kommt jetzt eine Putzfrau. Ich hab' allmählich zu dem Chaos gefunden, das mir gemäß ist.

Auch meine Beziehungen werden immer unordentlicher. Ich war noch nicht lange hier, da hatte ich eine wilde Affäre. Als ich schwanger war, wußten wir beide, eine Abtreibung kam nicht in Frage. Das war dann Josie, die zweite. Cliff, Josies Vater, ist mit einer Freundin von mir verheiratet. Der hab' ich es eher gesagt als Cliff, daß ich schwanger war. Sie fand das gut, irgendwie hat es sie in ihrer Beziehung zu Cliff erleichtert, weil er so furchtbar abhängig von ihr ist. Sie hatte auch selber gerade eine Krise mit ihm. Die beiden haben auch zwei Kinder, also die Familie wird natürlich unheimlich groß auf die Weise. Wir passen zusammen überhaupt nicht mehr in ein Auto, jetzt noch mit Marie und Paul. Paul hat ja auch noch eine Tochter im Nachbarort. Die ist am Wochenende immer bei uns, und auch Cliffs älteste Tochter wohnt zur Zeit hier.

Vor kurzem habe ich spontan den riesigen Holztisch für die Küche gekauft, und schon saßen alle drum herum. Ich muß immer durchzählen, wenn ich den Tisch decke, weil ich nie im Kopf habe, wie viele wir gerade wieder sind.

Immer wenn ich so eine verrückte Männergeschichte hinter mir habe, habe ich nur einen Wunsch: nach Arbeit, Ordnung, friedlichem, ruhigem Zusammenleben mit den Kindern. Und dann bricht wieder so was ein, und ich bin ganz machtlos dagegen, und all die Aufregungen und Kräche gehen wieder los. Erst ist alles toll, und ich denke selber ganz überrascht: ›Diesmal ist ja alles anders!‹ Bis so ein Satz hängenbleibt im Raum, der mich unheimlich stört. Oder der Typ mischt sich in die Erziehung ein oder läßt sich hinten und vorn bedienen, oder er wütet vor Eifersucht. Jedenfalls geht alles gut, bis ich mir plötzlich sage: Allein ist doch alles viel leichter, ich mach' ja sowieso alles hier, warum soll ich mir daneben dumme Sprüche anhören und diesen Unfrieden im Haus haben ... Aber auf einmal taucht wieder einer auf ... Dazwischen hatte ich einmal wirklich das Bedürfnis nach ordentlichen, geregelten Familienverhältnissen. Ich wollte noch mal heiraten, so richtig, mit der ganzen Familie dabei und alles hochoffiziell.

David verstand sich gut mit den Kindern, sie mochten ihn sehr. Er gab sich unheimlich Mühe hier im Haus, brachte morgens den Kaffee ans Bett, obwohl, den trink' ich sowieso immer gemütlich im Bett. Die Hochzeit war ganz toll, mit dem halben Ort war ich auf einmal verwandt, und sofort nach der Hochzeit war alles Scheiße. David spielte das Familienoberhaupt, war ununterbrochen eifersüchtig und trank. Als ich schwanger wurde, wußte ich, ich will das Kind auf keinen Fall, und damit war auch klar, daß das ganze irgendwie nicht ging. Ungefähr sechs Wochen dauerte diese Ehe. Als er aus dem Haus war, hab' ich mir erst mal ein neues, breites Bett gekauft, ganz für mich allein. Das machen, glaube ich, viele Frauen nach der Trennung. Ich war unheimlich erleichtert, daß er weg war. David war gut zehn Jahre jünger als ich. Komisch, heute nachmittag, als wir die Bilder angeguckt haben, ist mir zum erstenmal aufgefallen, daß David im Aussehen dem Dieter gleicht ... Die Männer, die ich heirate, sind irgendwie ganz anders als die, mit denen ich Kinder habe ...

Noch mal heiraten, ich weiß nicht, ob das geht. Der neue Mann übernimmt ja dann nicht nur die anderen Kinder, sondern auch noch die ganzen Väter dazu. Da guck' ich sehr drauf, daß die Kinder zu ihren Vätern können, daß der Kontakt da ist. Die Kinder haben das untereinander geregelt.

Neulich hat Henriette zu Josie gesagt: »Ich kann auf meinen Vater stolz sein, weil er richtige Anzüge hat, wie ein Geschäftsmann. Und du kannst stolz auf Cliff sein, weil der ein bekannter Maler ist. Und wir können uns die Väter teilen. Hier teilen wir uns deinen, und wenn wir in Deutschland sind, teilen wir uns meinen.« Mit Paul, das können sie noch nicht richtig einschätzen. Jede hat ihren Vater und basta. Ein Stiefvater ist Paul nicht, das wollen sie auch nicht. Paul ist mein Freund und der Vater von Marie. Daß seine Tochter, die genauso alt ist wie Henriette, am Wochenende hier ist, gibt natürlich auch Anlaß zu Reibungen. Die vielen Beziehungen machen die Sache nicht einfacher. Nein, es wird nicht einfacher mit allem, was sich im Leben so an Ereignissen ansammelt ... Man muß halt von Mal zu Mal gucken und entscheiden. Meine Nerven? Das geht nur, weil ich seit der Zeit, wo ich mich auf die Promotion vorbereitet habe, jeden Tag Hefetabletten esse, neun Stück am Tag.

Mich selber streßt das natürlich nicht, daß immer irgend etwas fehlt, weil ich eben so bin – entweder wir haben in der Stadt die Butter vergessen (ich geh' sowieso nicht gern einkaufen und weiß im Laden nie, was ich nehmen soll, obwohl ich zu Hause eine Liste gemacht habe, die ich dann natürlich nicht bei mir habe), oder ich habe, wenn wir einen Ausflug machen, die Pampers für Marie vergessen, und manchmal vergeß' ich auch das Baby.«

Es ist dunkel, nur aus der Küche fällt ein bißchen Licht auf die Steine und das Gras vor dem Haus. Durch die große Eiche geht ein kleiner Nachtwind, die Blätter wispern und rascheln.

»Eigentlich brauch' ich einen Mann nur von elf Uhr abends bis morgens um acht. Das wichtigste an der Beziehung zu Paul sind die Nächte. Tagsüber kontrolliere ich lieber allein das Geschehen, ich hab' überhaupt gern, wenn die Sachen bei mir, in meiner Nähe passieren. Paul geht tagsüber auch gern seiner Wege. Lauter gemeinsame Unternehmungen kann ich mir sowieso nicht mehr vorstellen, etwa mit dem Campingbus oder so. Paul ist mein Freund und lebt einfach bei uns. Das kann sich ja auch wieder ändern. Dann verlieren die Kinder auch nicht gleich den ›neuen Vater‹. Vielleicht gibt das später Probleme, daß Maries Vater im Haus ist und die anderen Väter nicht ... Aber Paul lebt ja auch wieder nicht so konkret *mit* uns, sondern einfach bei uns.

Sex ist ein wichtiges Vergnügen für mich, aber nicht unentbehrlich. Bis jetzt waren irgendwie immer Männer da. Die rücken hier an, und wenn sie anfangen zu reparieren, die Brennesseln auszureißen, Kaffee zu kochen und abzuwaschen, weiß ich, es ist was im Busch. Die erarbeiten sich dann ein Plätzchen in meinem Haus ... Daß das mal aufhören könnte, daran denke ich jetzt eigentlich nicht. Ich kann mir aber nicht vorstellen, daß Erotik, Sex, Weiblichkeit und mein Aussehen mir mit fünfzig nicht mehr wichtig sind. Manche Frauen, finde ich, die legen das in dem Alter alles ab, als ob sie das nicht mehr wollten, als ob es sie nicht mehr interessiert oder interessieren dürfte. Bis jetzt merke ich jedenfalls noch nichts davon, daß die Männer mich nicht mehr attraktiv finden oder mich übersehen, so durch mich hindurchsehen, als ob ich als Frau nicht mehr zählte. Vielleicht ändert sich das irgendwann. Aber Angst, nein, Angst habe ich nicht vor dem Übergang. Ich bin eher gespannt darauf, was sich dann verändert, wie das dann sein wird. Wahrscheinlich muß man sich innerlich unabhängig machen, sich darauf einstellen, daß es auch ohne Mann oder Sex gehen kann. Und muß. Und natürlich braucht man Glück. Immer. Denn wenn sie einen schon so lange man jung und schön ist, nicht stark und intelligent vertragen, wie dann, wenn man älter, nicht mehr so schön und stark ist? Man muß halt die Persönlichkeit pflegen, was sonst, und auf Glück hoffen. Und anderenfalls muß man sich arrangieren.«

Sie lacht und fragt mich, ob ich auch schon wieder Hunger habe, und wir machen uns noch mal jede ein dickes Sandwich. Und dann noch eins. »Ja. Wahrscheinlich ist es schwer, mit einer starken Frau zu leben. Ich merk' an mir selber, daß ich auch keinen Mann neben mir vertragen könnte, der so aktiv und wuselig ist wie ich. Vielleicht sind meine Männer auch deshalb immer weniger was ›Ordentliches‹, eher ein bißchen verkrachte Existenzen ... An Paul hab' ich keinerlei Ansprüche, keine Erwartungen, wie er sein soll, was er tun soll. Nichts, was er für mich tut, ist für mich selbstverständlich. Alles bleibt Überraschung. Irgendwie erwarte ich von den Männern überhaupt nichts mehr.

Paul ist absolut depressiv. Jede Woche habe ich mindestens einmal das Gefühl, mit ihm Schluß machen zu müssen, und weiß gleichzeitig, daß ich es nicht tun werde. Heute ist alles wunderbar, morgen hat nichts mehr Sinn. Schrecklich, dieser ständige Wechsel der Gefühle! Eigentlich spricht nichts für ihn, außer daß er gut aussieht. Trotzdem fasziniert er mich noch immer, nach zwei Jahren.

Manchmal frage ich mich, ob dieses Zusammenleben ohne Erwartungen an den anderen im Grunde Gleichgültigkeit ist. Es ist aber nicht so.

Paul hat keinen Beruf und arbeitet nicht. Er hatte etwas Geld geerbt, aber das Geld ist jetzt aufgebraucht. Zu tun hat er aber immer was: Er macht ausgedehnte Spaziergänge, geht fischen, Besuche machen, einkaufen. Er kocht stundenlang, viel liebevoller und besser als ich. Den Ofen und einiges im Haus hat er übernommen, aber das ist nicht direkt angesprochen worden, diese Entscheidung fällt von Tag zu Tag neu, und wenn er etwas dann nicht macht, bin ich nicht enttäuscht. Die anfallenden Rechnungen bezahle ich. Als Hausmann empfinde ich ihn überhaupt nicht, ich fühle mich auch nicht ausgenutzt. Auch wenn er nicht bei mir wohnen würde, würde er nicht arbeiten. Das ist sein Problem, was er machen will. Irgend etwas wird er sich überlegen müssen, weil er auf Dauer selber nicht damit zufrieden sein wird, kein Geld zu haben. Solange er Geld hatte, hat er die Einkäufe bezahlt. Er lebt nicht gern auf meine Kosten. – Nein, sicher fühle ich mich bei ihm eigentlich nicht. Die Verantwortung für die drei Kinder, die hab' ich schon allein. Das will ich aber auch so. Manchmal denke ich, er liebt mich nicht genug, nimmt mich nicht als Person wahr, ich habe keine Priorität in seinem Leben. Das ist ja wahrscheinlich auch so. Und manchmal frage ich mich – emanzipiert bin ich ja weiß Gott – warum ich mir um ihn Sorgen mache, ihm die Sachen nachräume, während ich die Kinder doch dazu erzogen habe, das selbst zu tun ... Ich geh' schon auf ihn ein und gebe in manchen Dingen nach ... gut, das sind wahrscheinlich eher kleine Sachen, daß wir keine Mayonnaise essen oder so was. Die eß' ich dann eben, wenn er weg ist. Wenn er verreist, und ich weiß nicht, wo er ist, das stört mich. Aber ich fahr' mit dem Baby sofort nach Sevilla, um ihn zu sehen. Egal, was es kostet. Es ist wohl Zärtlichkeit, was ich von ihm bekomme. Und er läßt mich sein, wie ich bin. Daß ich abends arbeite, das war von vornherein klar. Da mosert er nicht rum, nie. Wieviel ich von *mir* hergebe? Männern gegenüber wenig, denke ich. Ich kann Nähe im Bett genießen, sonst halte ich immer eine gewisse Distanz ...

Als ich von Paul schwanger wurde, ist meine Mutter ausgerastet. Das hat sie nicht mehr verkraftet. Das dritte Kind, und wieder von einem anderen Mann. Das war unser erster Krach überhaupt. Da habe ich sie zum ersten Mal angeschrieen. Meine Mutter hat immer alles mit Liebe geregelt. Nach dem Krach hatten wir lange Funkstille. Jetzt geben wir uns beide Mühe. Wir sind aber vorsichtig miteinander.

Mit meinem Vater kann man nicht richtig reden. Für uns drei Kinder war immer meine Mutter zuständig. Eine richtige Familie waren wir nie, obwohl meine Eltern heute noch zusammen sind. Sie waren sehr lange ineinander verliebt, aber mit den Kindern hatte der Vater irgendwie nichts zu tun. Da war der außen vor. Zuständig, verantwortlich für uns war meine Mutter. Die Kinderkleider zahlte der Großvater, mein Vater rückte nur mit Ach und Krach das Haushaltsgeld raus. Dieser Kampf um den Hunderter pro Woche ... Deshalb kann ich kein Bargeld annehmen. Oder meine Mutter nahm sich was, wenn er besoffen war. Sie verhinderte aber auch den Kontakt zu meinem Vater, wenn sich mal eine Beziehung hätte anbahnen können zwischen ihm und uns Kindern. Aber so eine Familie, nein, das wollte ich nie. Eigentlich mache ich jetzt was ähnliches wie meine Mutter – ich habe drei Kinder, wie sie, für die ich allein sorge, wie sie das eigentlich getan hat, und einen Geliebten dazu, wie mein Vater es lange für sie war, getrennt von den Kindern.

Den Vergleich mit meiner Mutter habe ich immer total abgelehnt. Aber ist das nicht wahnsinnig, wie man alles wiederholt? All unsere großen Schritte der Veränderung sind in Wahrheit kleine große Schritte. Ein bißchen anders machen wir es, ein bißchen mehr ist uns bewußt geworden. Es geht halt nur in kleinen Schritten. Meine ›unordentlichen‹ Beziehungen sind sicher ein Stück weit auch ein Protest. Sie sind natürlich alle nicht das, was meine Mutter sich für mich vorstellte. Es ist auch, als ob ich zeigen wollte: Hier bin ich diejenige, die etwas leistet, die sich einen Mann leistet. Ich hab' früher alle Leistungen erbracht, um zu beweisen, daß ich was kann, aber für meine Mutter definiert sich eine Frau nur über den Mann, den sie bekommt. Die Nichtigkeit der weiblichen Leistung. Wie ich dagegen angestrampelt habe! Ich könnte den Nobelpreis heimbringen, da würde meine Mutter noch finden: ›Schade, daß dein Mann nicht den Nobelpreis bekommen hat.‹ Das wäre mehr wert für sie. Einmal habe ich ihr ein Buch geschenkt, das ich übersetzt hatte. Ich war sehr stolz auf diese Übersetzung. Meine Mutter hat das Buch nicht einmal in die Hand genommen. Sie lehne diese Art Bücher ab. Sie hat nie hineingeschaut.

Nach der Arbeit fragen mich meine Eltern nie, nur: ›Hast du Aufträge? Oder liegst du uns auf der Tasche?‹ Seit ich vierzehn war, habe ich das nicht mehr getan. Und wenn ich ein paar Tage in Urlaub fahre, eine Woche, sagen sie: ›Dir geht's ja gut.‹ Einmal war ich schlecht dran, da lebte ich hier von Sozialhilfe. Ob ich das so brutal ausdrücken müsse, fragten sie ... Dabei hat mein Vater bankrott gemacht und ist irgendwie doch auch eine verkrachte Existenz. Wir sind doch immer gepfändet worden bis aufs Existenzminimum. Vielleicht hab' ich auch deshalb Männer, bei denen die Schwäche einprogrammiert ist. Oder nur die vertragen mich.

Trotzdem glaube ich, daß die Macht meiner Eltern über mich heute nicht mehr so groß ist. Nur der Weg, die eigene Entwicklung wird lange von den Eltern bestimmt. Länger als man glaubt. Wenn ich arbeitslos wäre, das wäre allerdings wirklich sehr schwierig für mich. Das paßt nicht in mein Selbstbild. Immerhin habe ich inzwischen gelernt, Bestätigung auch woanders her zu beziehen. Nach elf Jahren freier Arbeit habe ich jetzt auch langsam ein größeres Gefühl der Sicherheit, genügend Aufträge, auch Verbindungen. In Großbritannien muß eine Frau nicht arbeiten, solange sie Kinder unter achtzehn Jahren hat. Die Sozialhilfe ist ein Netz für mich, für alle Fälle. Das beruhigt. Und das Haus ist im Wert inzwischen schon sehr gestiegen.«

Ob sie auch Ängste hat? Die Antwort kommt wie aus der Pistole geschossen, blitzschnell: »Wasser, Schiff, Angst unterzugehen, zu ertrinken. In fremden Häusern sein, außer die Kinder sind im gleichen Zimmer. Vor Unvorhergesehenem. Vor Unfällen. Daß den Kindern etwas Schlimmes passieren könnte. Darüber habe ich schreckliche Phantasien ... In diesem Haus hab' ich noch nie Angst gehabt. In meinem Haus fürchte ich mich vor gar nichts.«

Dann gehen wir schlafen. »Schade, daß die Eule heute nacht nicht da ist«, sagt Anna, und ich träume von ihrem Flügelschlag in den alten Eichen.

Als Anna mich mit dem Auto wegbringt, müssen wir drei Gattertore öffnen auf dem Weg durch die Wiesen, hinunter zur Straße. Da sitzen sie alle in dem großen, alten, starken Wagen, das Baby singt sich selber ein Brabbellied, Josie hat eine halbe Stunde Kleideranprobe gemacht, bis sie das richtige Kleid gefunden hat, und Henriette will die Tore aufmachen. »Ich mach's schon«, sagt Anna, »ich muß sowieso den Müllsack rausstellen.«

Der Auspuff dröhnt, und eine Sicherung springt raus. »Irreparabel, glaub' ich«, sagt Anna und lacht. Aber sie hat zwanzig Sicherungen à acht Ampere auf Vorrat dabei. Und während sie mit einer gewissen Befriedigung die Sicherung wechselt, sagt sie: »Ja. So ungefähr. Die Sicherungen werden bei mir nachträglich eingebaut. Irgendwie scheint ja alles unsicher an diesem Auto, aber in Wirklichkeit ist es unglaublich stabil. Leider fällt mit der Sicherung immer der Blinker aus, so daß man von außen nicht weiß, ob der Wagen nun nach rechts oder links fährt, und die Benzinanzeige. Und das ist ein bißchen blöd, wenn man nicht weiß, wieviel Benzin noch im Tank ist. Aber was hab' ich nicht schon alles an dem Auto repariert – bald muß es einfach perfekt sein!«

Was hat sie gestern zum Abschluß gesagt? »Morgens, wenn ich nackt in der Türe stehe, und die Luft ist frisch, und ich lasse die Tiere heraus und gehe um mein Haus, dann weiß ich: So ist es gut. Ja, ich habe das Gefühl von Selbstverwirklichung, das ist meine Selbstverwirklichung. Im Grunde – und das hat sich einfach so ergeben, ohne daß ich es angestrebt oder geplant hätte – lebe ich genauso, wie ich es als fünfjähriges Kind am liebsten hatte. Da bin ich morgens, ziemlich früh, ganz leise aufgestanden, hab' mich angezogen und bin vors Haus gegangen. Da stand ich, schaute mich um und dachte glücklich: Ein ganzer Tag zum Spielen! Ja, so ist es auch heute.

Manche Leute, die mich hier besuchen, meinen, ich hätte es einfach wunderbar. Die sehen nicht, daß es auch viel Disziplin braucht, um den Laden am Laufen zu halten. Wie dünn ich bin, wie mager, das sehe ich ja selbst. Andere finden meinen Tagesablauf einfach gnadenlos. Aber die wissen eben nicht, daß ich eigentlich nur spiele ...

Ganz schön windig heute, und ich hab' die Mütze für das Baby vergessen. Mal nachher in den Plastiktüten gucken, die da vorn liegen, ja die, mit den Kinderkleidern drin, die laß' ich immer im Auto.« Ich schaue nach, und siehe da, auch eine Babymütze ist dabei. »Na also«, sagt Anna und steigt ein. Und das Auto springt auch wirklich an. Da kommt das Tor. »Machst du jetzt auf, Henriette oder nicht?« fragt Anna, und Henriette sagt: »Dann gib mir auch gleich die Müllsäcke.« »Die Müllsäcke sind zu schwer für dich. Ich mach' dann das Tor zu.« Und dann steigt sie aus und wieder ein, und ich sehe das abgeblätterte Rot an den Fußnägeln und ihren nackten Fuß auf dem Gaspedal.

Maria
Hausfrau, verheiratet, zwei Kinder

»Hausfrau – das sage ich heute anders« oder: »Jetzt gibt es nur Hoffnung, keinen Plan«

»Maria«. Am Telefon meldet sie sich nur mit dem Vornamen, und wenn man nicht wüßte, wer sie ist, würde man sie der Stimme nach für ein Kind halten. Ich möchte mich mit ihr unterhalten, aber es wird schwierig, einen Termin abzumachen. »Hoffentlich sag' ich was Interessantes«, meint sie. Sie schiebt das ganze noch hinaus. Außerdem ist sie krank, und der Umzug der ganzen Familie steht bevor. Dann klappt es doch noch, daß wir uns zu einem ausgedehnten Frühstück treffen.

Als wir uns gegenübersitzen, staune ich, wie jung sie aussieht. »Wir haben ja nicht viel Zeit«, sagt sie, und schon ist sie bei der Sache, fast, als ob sie sich vorbereitet hätte.

Geboren ist sie in Duisburg, mitten im Kohlenpott. Ihr Vater, betont sie, ist Arbeiter, die Mutter hat das Abitur gemacht und nach dem Krieg, ohne weitere Ausbildung, geheiratet. Maria war das älteste Kind, es folgte eine Schwester, ein Bruder. Die fünfköpfige Familie bewohnte eine Zwei-Zimmer-Wohnung; die zwei Töchter schliefen im Wohnzimmer, der Sohn in der Küche.

»Kein Geld. Das ist so eine der starken Erinnerungen, und daß kein Platz da war, nirgendwo war Platz. Ich krieg' heute noch Panik, wenn kein Platz da ist. Das muß man sich mal vorstellen: für sich sein, das gab es nur in der Badewanne.

Meine Großmutter, die Mutter meines Vaters, war sehr reich. So eine richtige Lebedame, die vier Ehemänner verbraucht hat. Nach dem Tod des Großvaters, der einen großen Hof und einen Gasthof bewirtschaftet hatte, hat sie alles verkauft und ist nach Duisburg gezogen, wo sie herkam. Da gab es aber keinen Pfennig für uns. Für ein Taschengeld bin ich bei ihr putzen gegangen als Schulmädchen. Sie ließ mich die Treppen putzen wie ... ohne Ansehen der Person sozusagen.

Mein Vater wollte unbedingt, daß ich, die Älteste, das Gymnasium besuche. Für die anderen reichte das Geld nicht. Mir lag nichts am Gymnasium, ich bin ungern in die Schule gegangen. Ich fühlte mich als Proletarierin, verhielt mich so und wurde auch so behandelt – schikaniert, wo's nur ging. Damals war das noch anders als heute. Und weil ich so aufsässig war, war es auch leicht, mir vieles anzuhängen. Einmal wollten sie mich zur Rechenschaft ziehen für einen Diebstahl, der in der Schule vorgekommen war; alle waren überzeugt, ich sei es gewesen. Da war es aus für mich, ich hab's einfach nicht mehr ausgehalten. Mein Vater stellte mich vor die Entscheidung, die Schule fertig zu machen oder an die Frauenfachschule überzuwechseln. Das war in der Obersekunda; ich wollte sowieso nicht studieren und entschied mich für die Frauenfachschule. Die Hausfächer stanken mir, aber die Kindergärtnerinnen-Ausbildung, die machte mir Spaß.«

Ich kann sie mir gut mit Kindern vorstellen. Sie sieht ja heute noch aus wie ein junges Mädchen, das jeden Streich mitmacht, und gleichzeitig sieht sie auch aus wie die ältere Schwester, die immer vorne dran ist und gleichzeitig aufpaßt und streng wird, wenn die Spiele zu wild werden. Sie lacht und kriegt Grübchen dabei in den Wangen, als ich das sage, und ich denke noch: Sie ist auch eine ältere Schwester, mit der man abends im Bett viel besprechen kann, und morgens hält sie den Mund und verrät einen auf keinen Fall. Ob sie der jüngeren Schwester auch mal was anvertraut hat?

»Freunde hatte ich schon früh, seit ich vierzehn war. Vor allem aber mußte ich zu Hause raus, aus dieser qualvollen

Enge, die konnte ich einfach nie vertragen. Schon mit sechzehn bin ich jeden Abend weggegangen. Das war so eine Abmachung mit meiner Mutter; sie hat mir sehr vertraut. Ich bin erst mit achtzehn zum ersten Mal mit einem Mann ins Bett gegangen, ich wußte ganz genau, daß ich das vorher nicht verkraftet hätte.

Nach meiner Ausbildung fragte mich ein Schauspieler, der ein Kindertheater leitete, ob ich bei ihm arbeiten und lernen wollte. Das war die Gelegenheit, rauszukommen. Plötzlich lernte ich einen ganz anderen Lebensstil kennen: mehr Weite, Gastspiele, gute Restaurants, die Schauspielerei, die ganze Welt des Theaters. Ich blieb noch ein zweites Jahr dabei.

Inzwischen ließen sich meine Eltern scheiden. Meine Schwester und ich, wir fanden das gut. Ich liebte aber ich haßte meinen Vater auch; er war so groß und breit in der engen Wohnung ...

Nachdem ich die Scheidung mit all der Schmutzwäsche erlebt hatte, die bei dieser Gelegenheit gewaschen wird, war mir klar, daß ich auf keinen Fall heiraten wollte. Kinder wollte ich schon, fünf, aber irgendwie viel später. Nach der Theaterzeit ging ich nicht mehr nach Hause zurück. Ich zog mit meinem Freund zusammen. Er war drogenabhängig, kam aus denselben Kreisen wie ich. Ich hatte mir vorgenommen, ihn von den Drogen abzubringen. Ich brauch' immer ein Ziel, eine Aufgabe, sonst bin ich nicht glücklich. Er hat es geschafft, von den Drogen loszukommen, machte das Abitur nach und ging dann auf die Fachhochschule. Ich arbeitete als Kindergärtnerin für uns zwei, und daneben machte ich allein den ganzen Haushalt, denn *er* mußte ja studieren, lernen, sich konzentrieren. Das entsprach auch meiner Vorstellung, daß man nie von irgendwoher auch nur einen Pfennig zu erwarten hat, und wenn es der eigene Mann ist. Und das war überhaupt das erste, was ich gewußt habe: Ich wollte unabhängig sein, selbständig, frei. Ich habe nie gekuscht, nicht zu Hause, nicht in der Schule. Ich war auch nicht so häuslich wie meine Schwester. Ich hab' immer gern gearbeitet. Aber eines Tages merkte ich, etwas stimmt da nicht, ich muß weg, ich muß was ändern. Dann ging alles sehr schnell. Ich bewarb mich als Kindergärtnerin in Hamburg, Berlin und München gleichzeitig. Ich machte das plötzlich, ohne Hans zu fragen, ohne auf seine Meinung Rücksicht zu nehmen, und ich war entschlossen: Wo die erste Antwort herkommt, da gehe ich hin.

Ich ging nach Berlin, Hans kam mit. Ich traute mich einfach nicht, auf einen Schlag alles zu verändern. Hans studierte, ich machte den Haushalt und ging arbeiten, wie gewohnt. Über eine Freundin kam ich in Kontakt mit der DKP (der Deutschen Kommunistischen Partei), mit politischen Ideen, mit denen ich etwas anfangen konnte – die entsprachen meiner eigenen Herkunft, meinen Erfahrungen und Demütigungen. Ich war eine Weile politisch aktiv. Und dann war da die Frauenbewegung. Da wurden auf einmal meine Zweifel bestätigt: daß es irgendwie so nicht in Ordnung war mit der Rollenverteilung, die ich zu Hause hatte. Trotzdem hatte ich so meine Vorbehalte gegen die radikalen Feministinnen. Diese Jesussandalen, diese kurzen Haare, diese blauweißen Latzhosen. Ich liebe Lippenstift und Nagellack. Ich wollte immer gut aussehen, und ich dachte, es muß doch auch zusammen gehen, mit den Männern.«

Wahrscheinlich hat sie immer so ähnlich ausgesehen wie jetzt, auffallend nicht auf den ersten Blick, weil sie auch in der Mode zurückhaltend ist. Man vergißt, was sie anhat, weil es so genau zu ihr paßt, im Gedächtnis bleibt nur ihr klares Gesicht mit den sehr hellen blauen Augen. Da denkt man an Augensterne. Vielleicht sind ihre dichten, schwarzen Haare mal länger gewesen, richtige lange Locken, aber ich vergesse, sie zu fragen ...

»Eines Tages, auf Drängen von Hans, machten wir Segelferien auf Sardinien. Ich hab' mich lange dagegen gesträubt, weil ich so unsportlich bin. Es war das erste Mal, daß ich in den Süden kam. Ich stieg aus dem Flugzeug, und ich spür' es noch wie damals, ich rieche es noch: Ich stieg aus, und da war diese Wärme und dieser Duft. Ich fiel in Trance, eine völlige Trance, die nicht mehr aufhörte, die ganze Zeit über anhielt. Ich redete nicht mehr mit Hans, alles, was vorher gewesen war, war wie abgebrochen. Wir gingen zum Strand, wo wir segeln lernen sollten. Da stand Felix, der Segellehrer. Früher hatte ich immer wieder Träume gehabt, von weißgestrichenen, asketischen Zimmern und dunkelhaarigen Männern. (Hans war ganz blond.) Ich wußte jetzt, das waren die Zimmer, wie sie im Süden sind, weiß und abgedunkelt gegen die Sonne und sehr spartanisch eingerichtet. Und der Mann meiner Träume, da stand er vor mir. Es war die Liebe auf den ersten Blick. Ich bat ihn einfach um seine Adresse, sein Foto. Er kam aus der Schweiz, verdiente sich was als Segellehrer. Ich versteckte Adresse und Bild. Hans, der nicht wußte, was mit mir los war, der ja auch wirklich nicht verstehen *konnte*, was da mit mir passiert war – ich wußte es ja selber nicht –, fand dann am Tag vor unserer Abreise das Bild und rannte davon, in die Mittagshitze, ins Land hinein, wo es keinen Schatten, kein Wasser gab. Ich? Ich konnte ihm nicht hinterherlaufen. Ich hatte mich entschieden. Hans kam lange nicht wieder. Felix und ich, wir verbrachten unsere erste Nacht zusammen, lagen zusammen und küßten uns. Wir haben nicht zusammen geschlafen. Am anderen Tag reisten wir heim, Hans und ich. Ich ging nicht mehr zurück in unsere gemeinsame Wohnung. Ich zog zu einer Freundin, mit dem, was ich auf dem Leib hatte. Ich holte nichts dazu. Es muß grausam, unbegreiflich für Hans gewesen sein, nach all der gemeinsamen Zeit. Er drohte mit Selbstmord. Mit Mord. Er lauerte mir auf. Er warf alle meine Sachen auf die Straße. Ich hatte buchstäblich nichts mehr. Dann kam Felix zu Besuch. Als er wieder abfuhr, ging ich mit.

Ich kam nach Basel, hatte kein Geld und keine Arbeitserlaubnis. Felix studierte Jura. Geld hatten nur seine Eltern, er nicht. Das ist ein dunkles Kapitel mit diesen Eltern.«

Sie dreht, ohne es zu merken, an ihrem Ehering. »Die haben mich abgelehnt, ohne mich je gesehen zu haben. Ich war die absolute Mesalliance, eine Arbeitertochter aus dem Ruhrgebiet. Felix' Familie ist vom Vornehmsten. Und dann diese Kindergärtnerin, ohne Kinderstube und noch dazu älter als ihr Sohn!

Ich arbeitete schwarz in einer Kinderkrippe, wo sie mich auch fest angestellt hätten – aber wie, ohne Arbeitserlaubnis? Dabei war die Stelle dort genau das, was ich mir immer gewünscht hatte. Endlich konnte ich mit den Kindern, den Eltern, dem Team arbeiten, wie ich mir das vorstellte. Und verdienen mußte ich auch. Felix sagte, wir heiraten, und ich hatte doch nie heiraten wollen. Und eigentlich tu' ich immer, was ich sage. Aber plötzlich dachte ich, was soll's, was ist das für ein komisches Festhalten an Prinzipien?

Wir heirateten, eine Katastrophe für die Eltern von Felix. Aber ihm machte das nichts; er stand da wie ein Fels, so zart wie er ist. Kaum waren wir verheiratet, bekam ich von den neuen Schwiegereltern einen Brillantring. Wenn schon nichts mehr zu ändern ist, müssen wenigstens die Traditionen gewahrt werden. Als Felix' Vater mich dann sah, gefiel ich ihm ganz gut ...

Jahrelang waren wir verliebt wie verrückt, Felix und ich. Ich hab' in meinem ganzen Leben nur zwei Männer gehabt, und Treue ist für mich selbstverständlich. Dann kam Lea auf die Welt. Da haben die Probleme angefangen. Wir waren damals in Zürich; Felix arbeitete in einem Anwaltsbüro. Beides, Kind und Arbeit, erschöpfte ihn, er zog sich zurück, war auf einmal nicht mehr so nah, so ausschließlich bei mir. Wir waren ja wie verschweißt miteinander gewesen. Und ich hatte Probleme mit meinem Mutter-Sein. Ich hatte mir das ganz einfach und schön vorgestellt, Mutter zu sein, und nun klappte es an allen Ecken und Enden nicht. Das brachte mich aus dem Konzept, machte mich unsicher, und Felix war irgendwie nicht mehr so greifbar. Wir zogen nach Basel zurück; Felix blieb zu Hause und bereitete sich auf die Anwaltsprüfung vor, ich ging wieder arbeiten, zurück in den Kindergarten, wo ich angefangen hatte. Das war sehr wichtig für mich. Lea nahm ich mit. Dann wurde ich wieder schwanger. Ich bin fruchtbar wie ein Karnickel. Kaum hatte ich die Pille abgesetzt, war ich schon schwanger. Ich bekam gleich gar keine erste Periode mehr. Bei Lea war das auch so schnell gegangen.

Die zweite Schwangerschaft war schwierig, ich kam ins Krankenhaus und mußte Infusionen haben; der Muttermund wurde vernäht. Das hieß auch Tabletten, Tabletten. Und liegen. Das war ganz schrecklich für mich. Ich, die ich immer alles selber kontrollieren, planen, in der Hand haben muß. Wo war meine Selbständigkeit, meine Unabhängigkeit geblieben? Ich lag da und war ausgeliefert, den Ärzten, der Medizin, dem Kind in meinem Bauch. Ich hab' schwache Nerven. Eigentlich bin ich hysterisch. Es war schlimm. Die Geburt ging dann Gott sei Dank gut; die erste Geburt war nämlich furchtbar schwer gewesen, bei Lea.

Aber Jonas war ein schwieriges Kind. Seit der Schwangerschaft mit ihm war ich eigentlich nur noch erschöpft. Der Kindergartenbetrieb ist immer nervig, daneben mein eigenes Kind mitbringen und heimschleppen ... Daheim ein Haushalt, mit dem ich Felix auch nicht einfach allein lassen wollte. Und dann mit dem dicken Bauch treppauf, treppab, schreiende Kinder auf dem Arm. Nach den ganzen Komplikationen in der Schwangerschaft, meinen eigenen, ganz persönlichen Problemen mit der vorübergehenden Abhängigkeit, meiner Angst um das Kind in meinem Bauch, war ich nur noch fertig. Felix fing kurz darauf an, ganztags zu arbeiten; ich blieb eineinhalb Jahre zu Hause. Danach marschierte ich auch wieder in den Kindergarten zur Arbeit, diesmal mit zwei Kindern.

Wir arbeiteten dann beide Teilzeit und teilten uns die

Hausarbeit. Felix war bei seiner Arbeit unglücklich. Und ich hatte auch dauernd irgendwelche Beschwerden. Von Psychotherapie halte ich nichts, ich ging aber schließlich in eine Maltherapie. Oh Gott, da sah ich, wieviel *Raum* ich beim Malen brauchte, wie sehr ich mich ausbreiten wollte.«

Sie breitet die Arme weit, weit aus, und man sieht, wie mager sie ist. »Und die schönen, starken Farben! Es war wunderbar, damit zu malen ... Ich merkte, daß ich wirklich mehr Raum, mehr Platz für mich brauchte. Ich beschloß zu kündigen. Felix hat das unterstützt, obwohl er selbst sich bei seiner Arbeit nicht wohlfühlte. Ich wollte noch einen Schritt machen – Zauberwort ›Selbstverwirklichung‹ –, etwas Neues beginnen, nicht stehenbleiben.

Da stellte sich heraus, daß Felix Krebs hatte. Er mußte sofort operiert werden.«

Maria spricht jetzt viel langsamer, als ob sie selber noch erstaunt wäre darüber, wie sehr sich alles in ihrem Leben verändert hat.

»Danach war nichts mehr wie vorher. Plötzlich gab es nichts mehr zu planen. Es gab nur noch den Augenblick. Die Angst, das Warten, die Untersuchungen, die Operation, die Nachuntersuchungen. Plötzlich war die Zukunft offen. Auf schreckliche und befreiende Weise offen. Auf einmal zählte jede Stunde; jede Handlung zählte. Ein Essen-Zubereiten war nicht mehr, was ein Essen-Vorbereiten früher gewesen war. Merkwürdig: Seit der Krebs da war, hatte ich weniger Angst. Jetzt war es ja eingetreten, das Schreckliche, wovor man sich gefürchtet hatte, jetzt war es ja da. Erst jetzt merkte ich, wieviel Angst immer in mir gewesen war, die ich kontrollieren, in Schach halten mußte. Ich hab' so lange versucht vorzubauen, vorzusorgen. Jetzt gab es nur Hoffnung, keinen Plan.

Als es Felix anfing besser zu gehen, wurde ich krank. Das Drüsenfieber hat mich für Wochen umgeschmissen, ich bin auf so merkwürdige Weise mit Felix verbunden; irgendwie will mein Körper auch immer was dazu sagen. Dann hab' ich den Arm gebrochen, den rechten Arm, als Felix gerade wieder im Krankenhaus war, und es sind doch die zwei Kinder daheim, und alles mußte weitergehen. Und trotzdem, manchmal möchte ich jetzt jauchzen vor Glück. Als Felix aus der Klinik zurückkam und wir alle zusammensaßen, alle an einem Tisch – lebendig –, das war ein wunderbares Gefühl. Das Gefühl: Wir sind da. Wir lieben und brauchen uns. Oft fühle ich mich, als ob ich vor einer dunklen Wand stünde. Aber es gibt eine Tür und wieder eine Tür. Und von irgendwoher kommt Licht. Offenheit, Demut, Dankbarkeit: Es gibt auf einmal neue Wörter für mich.

Ich bin eigentlich katholisch. Aber ich habe schon lange nichts mehr mit der Kirche zu tun gehabt. Abgesehen von asketischen Phantasien, die immer mal wieder auftauchen, und der Phantasie, Nonne zu werden, die mich manchmal überkommt. Aber jetzt, seit dieser Krankheit, ändert sich etwas in mir. Ich habe das Bedürfnis, mich in die Stille eines Kirchenschiffs zurückzuziehen, einzuhalten, irgendwie einzuhalten. Kirchenräume, die Stille und das Licht, das durch die hohen Fenster fällt.

Als Felix bis auf weiteres aus der Behandlung entlassen worden war, wollten wir für zwei Monate in den Süden, den wir beide so lieben, wo wir uns kennengelernt hatten. In Spanien war es kalt, unfreundlich, einfach alles anders, als wir uns das vorgestellt hatten. Felix wurde wieder krank. Dann bekam ich die Grippe, Felix eine Lungenentzündung. Wir mußten die Ferien abbrechen. Seitdem habe ich diese bohrenden, rasenden Kopfschmerzen und die Schwindelanfälle. Schlaflosigkeit, Herzrasen, auch Angst; was soll aus uns werden?

Es mußte sich was ändern, wir hatten das schon vorher gespürt, daß wir irgendwas in unserem Leben ändern mußten. Die Krankheit von Felix zwang uns jetzt dazu. Das war jetzt nicht mehr nur ein Wunsch, jetzt war es notwendig.

Und auf einmal ergab sich das dann auch. Plötzlich bekamen wir eine Wohnung in Luzern angeboten, und Felix kann jetzt als Kompagnon in die Anwaltspraxis von zwei befreundeten Kollegen in Luzern einsteigen. Endlich kann er sich selbständig machen, das macht ihm Spaß. Ich lasse viel in Basel zurück, aber eine Heimat ist Basel ja auch nicht gewesen. Ich würde gern eine Heimat finden.

Ich bin jetzt Hausfrau. Ich sage das mit einer anderen Betonung als viele andere Hausfrauen. Die Weiterbildung, meine Zukunftsträume: zu malen, etwas Kreativeres zu machen, sind erst mal in die Ferne gerückt. Ich glaube, das ist auch richtig so. Selbstverwirklichung? Das heißt heute etwas ganz anderes für mich, als in dem Moment, in dem ich gekündigt habe. Vor einer Weile habe ich eine aktive Imagination gemacht, eine Phantasiereise. Wir sollten uns vorstellen, wir seien unterwegs. Da sah ich bröselige, trockene warme Erde, südliche Erde im Sommer. Die Vegetation war spärlich, aber alle Farben waren wunderbar zart, die Gräser lachsfarben und bräunlich. Wärme strahlte vom Boden aus. Ich wollte nach rechts, merkte aber, daß ich nach links mußte. Dort war aber ein felsiger Abhang, und tief unten lag das Meer. Ich schaute hinunter aufs Meer und hatte Angst. Mir wurde schwindlig. Langsam begann ich den Abstieg. Ich mußte vorsichtig sein, aber ich schaffte es. Dann stand ich am Strand. Es schien nichts zu geben als das Meer, keinen Weg, nichts. Ich ging am Strand entlang. Plötzlich sah ich eine Höhle. Ich hatte Angst, da hineinzugehen, ins Dunkel. Aber drinnen war es nicht dunkel, drinnen war ein überirdisches, strahlendes Licht. Ich ging durch die Höhle und kam in einen alten Kreuzgang. Er faßte einen kleinen, mit Rosen bepflanzten Friedhof ein. Der Kreuzgang gehörte zu einer kleinen, einfachen Kirche, wie sie im Süden auf dem Land aussehen. Aber innen war sie reich geschmückt. Dort war mir wohl. Da wollte ich bleiben. Ich saß ganz still.« Und ich sehe es vor mir, als sie sagt: »Sonnenlicht fiel durch die Fenster.«

14 Porträts mutiger Frauen

Um Frauen, die nicht nur Träume haben, sondern sie auch verwirklichen, geht es in diesen Porträts:
Ob sie nun Dompteuse oder Physikerin werden, mit dem Bambusfloß über den Ozean fahren oder Krimis schreiben, eine Psychiatrie-Klinik in Indien oder ein Restaurant in Deutschland aufbauen. Für uns, die wir nur träumen, sind sie Vorbilder. Sie machen uns Mut, zu unseren Lebenswünschen zu stehen und – mehr noch – sie auch zu leben.

Elke Herms-Bohnhoff
Den Traum erfüll' ich mir
Frauen wagen ein neues Leben
240 Seiten, Paperback